JN439290

저인망

데이트

생활 속의 100가지 이야기 (2)

저인망 데이트

초판인쇄 : 2009년 2월 20일
초판발행 : 2009년 2월 25일

지은이 / 오 태 익
펴낸이 / 서 정 환
펴낸곳 / 수필과비평사
출판등록 / 1984년 8월 17일 제28호

전화 / (02) 3675-5633, (063) 275-4000
팩스 / (063) 274-3131
주소 / 서울시 종로구 익선동 30-6
운현신화타워 207호
e-mail / essay321@hanmail.net

값 9,000원
ISBN 978-89-5925-532-0 03810

생활 속의 100가지 이야기(2)

저인망 데이트

수필과비평사

| 책머리에 |

서귀포에도 눈이 내립니다.

사람들은 때로 자기만 어려움에 빠져 있고 헤어날 방법이 없다고 착각합니다.
역으로 생각하면 누구에게든 길이 있고, 또 살아야 할 이유가 있습니다.

팔리지도 않을 책을 또 묶어내는 심정은 청개구리 심보가 아닙니다.

글쓰는 일에 목매이지 않고는, 저무는 나이에 마땅히 투자할 돈도 역량도 없기 때문입니다.

인도양의 모리셔스섬에 도도새가 살았다고 합니다. 이 새는 1681년에 멸종됐는데, 생물학자들은 도도새의 멸종원인을 3개로 분석했습니다.

첫째 유순했다, 둘째 적이 없었다
셋째 날지 못했다.

나는 오늘 도도새가 아닌가를 생각해 봅니다.
허지만 마음을 닦고 또 추스르면서 도도새이기를 거부합니다.
모두들 이 겨울에 건강하십시오.

2009년 겨울에
유리왓동산 마음뜰에서

| 차 례 |

늦가을이다. 할 일도 대부분 마무리지었고 수확기를 기다리는 감귤농사꾼에게도 오랜만에 여유가 있는 날이었다.
미당 서정주님은 노래했었다.
'눈이 부시게 푸르른 날은/ 그리운 사람을 그리워하자// 저기 저기 저, 가을 꽃 자리/ 초록이 지쳐 단풍 드는데// 눈이 내리면 어이하리야/ 봄이 또 오면 어이하리야' 라는 시의 일부가 생각났다.
'저기 저기 저 가을꽃 자리 초록이 지쳐 단풍 드는데' 뭐하세요?' 라고 몇 여류 문인이거나 친구에게 문자메시지를 보냈다.
일괄적으로 여섯 통을 띄웠는데, 저인망에 걸린 답신은 한 통이었다.
초등학교 여자 동창생이었다. 오늘 토요일엔 모 대학의 평생교육원에 승마교육을 받으러 다닌다고 했다.
제주도의 중산간인 송당리에 있는 승마장에서 교육이 있다고 했다. 같이 동행하자고 했더니 흔쾌히 받아들였다.
늦가을의 제주 들녘은 좀 좋은가. 억새꽃이며 단풍이 들어가는 나무들.
그리고 계절 따라 변하는 자연의 섭리, 글쟁이라고 해서 오버하는 것이 아니라 정말 좋았다.
돌아오는 길에 그녀가 칼국수와 좁쌀막걸리를 사면서 고맙다는 말도 했다.
말 타는 모습이 첫눈에도 압권이었다고 칭찬했을 뿐이다.
그런데 우연하게도 수십 명의 교육생 중에 멋진 승마의 모습을 보였다고 교육관이 칭찬을 했단다.
나는 오늘 평생 처음 승마의 현장을 봤지만, 적하면 삼천리라는 눈썰미가 입증된 셈이다.
눈치 없는 공치사는 때로 불필요한 오해를 불러오는 경우도 있으니 그렇다.
저인망(底引網)은 바다의 밑바닥으로 자루 모양의 그물을 끌고 다니면서 깊은 데 사는 물고기를 잡는 도구다.
저인망 어선이 모두 훑어가서 고기의 씨를 말린다는 기사를 종종 본다.
여자 동창은 자기에게만 달콤한 유혹이었던 줄 알았다가, 저인망작전이었다고 하자 다소 실망하는 눈치였다. 그래도 기만하는 것보다 진실을 말해줌이 낫지 않을까.
어쨌거나 나는 오늘 '저인망 데이트' 를 한 셈인데, 늦가을의 정취가 이만하면 됐다.

| 오태익의 짧은 수필집 |

생활 속의 100가지 이야기 • **2**

데이트

101
이하 생략

어젯밤의 일이다.

아들은 생일 전야이니 친구들과 놀다가 아침에 오겠다는 허락을 받고 나갔다.

딸은 친구의 부모가 여행으로 집을 비워서 경호 겸 친구 집에서 자고 오겠다고 해서 데려다 줬다.

우리 집은 좁지만 구조상 장손의 임무를 할 수 있도록 배려가 돼 있다. 안방의 문을 뜯으면 마루와 연결되어 있다. 옆으로 미는 문이어서 잠금 장치도 마땅치 않다. 애들이 크면서 신경이 쓰이는 부분이었다.

애들이 모두 나가고 우리 부부만 남았다. 아주 드문 일이다.

이하 생략.

102
백수에 관한 경험적 고찰

하루 놀면 휴가지만, 계속 놀면 백수일 뿐이다.
백수의 아픔은 백수가 되어 본 사람만이 안다.
백수도 희망 하나 부여잡을 수 있으면 헛사는 것은 아니다.

103
건너가기

피할 수 없으면 맞부딪쳐 건너가는 것도 한 방법이다.

소주라도 한잔하고 거리에 나서면 온통 좌우에 노래방이나 단란주점이다. 문제는 술은 잘 마시지만 노래는 빵점인 데 있다. 한때는 노래방에 가는 일이 정말 도살장에 끌려가는 소와 진배없었다. 중학교 때까지 음악 실기 때면 아무리 잘 부른다고 해도 애들은 배꼽 잡기에 급급했고, 점수는 늘 기본점수 60점이었다.

사회생활에서는 저 혼자 싫다고 늘 빠지면 결국은 오갈 데 없는 외톨이 신세가 된다. 그 벽을 건너가는 방법을 찾아야 한다. 이왕 못 부르는 음치의 노래로 남을 즐겁게 하면 될 것이 아닌가. 몇 번은 부끄럽고 혼이 났지만, 이제 남의 웃음소리를 그냥 수용할 수 있는 용기가 생겼다.

노래방에서 다른 사람들은 자기가 멋지게 부를 수 있는 노래를 찾느라고 열중한다. 나는 멋대로 부르기 때문에 적당한 곡을 선창한다. 음치답게 음정이나 박자 같은 것은 알지도 못하거니와 무시해 버린다. 오로지 감정에만 충실한다.

당연히 노래가 끝나도 웃음이 그치지 않는다. 음치의 노래를 듣고 자신이 생겼는지 너도나도 신청곡을 입력하기에 바쁘다. 오히려 다시는 음치에게 노래 부를 기회가 주어지지 않는다. 다른 사람에겐 웃음과 용기를 주고, 꿔다 놓은 보릿자루가 아니라 분위기 살리기에 한몫했으니 훌륭한 건너가기가 된 셈이다.

며칠 전에는 이는 사람의 초대가 있어 술 마시러 제주시에 갔다. 몇 사람이 모여 1차로 식사를 마치고, 단란주점으로 갔다.

예의 선창을 했는데 다시 차례가 왔다. 원래 음치에겐 못 부를 노래가 없다. 뒤에 있는 모니터를 살폈더니 '미 앤 미' 가 떴다. 도우미가 "무슨 노래를 부르실 건데요?" 하고 물었다.

"미 앤 미!" 술도 올랐겠다, 폼 잡고 얘기했다.

"그건 가게 이름인데요."

"왜, 그건 안 되나?"

모니터에 신청곡이 없을 때마다 자꾸 뜨는 그 제목을 다른 사람은 몰라서 안 부르는 줄 알았다.

104
벽을 미는 여자

아침에 동네의 슈퍼에 감귤 박스를 사러 갔다.

물건의 종류가 수백 종이어서 매장 안에 모두 진열할 수는 없을 터, 부피가 큰 것은 별도 보관해 두고 있었다.

내가 요구하는 물품을 찾기 위해 가냘픈 주인 아주머니가 매장 밖으로 나갔다. 무얼 하려 함인가, 의아한 것도 잠시였다. 벽의 모서리를 잡더니 그대로 미는 것이 아닌가. 옆에서 보고 있던 나는 감탄이 절로 나왔다.

그것은 벽이 아니었다. 도로 쪽의 문이어서 벽돌처럼 위장된 종이를 붙인 간이창고였다. 부피가 큰 감귤 박스, 개 사료 포대 등이 보관되고 있었다.

수년 동안 백 번도 더 갔던 슈퍼다. 이제껏 그 곳이 간이창고

인 것을 모르고 있었을 뿐이다.

머리를 쓰면 기발한 대책이 서는구나. 좁은 매장을 인도 쪽으로 조금 늘려 쓰려는 아이디어도 그렇고 위장술도 만점이다. 대도로 변인 그 슈퍼에는 틈새 파악의 천재인 도둑이 왔다가도 벽인 줄 알고 그냥 갔을 것이다.

평소엔 문을 다 열어놓은 다음에 들렀기 때문에 벽을 미는(?) 것을 못 봤다.

오래 전에 어느 친구에게 라이터를 빌려달라고 했더니 척하고 만년필을 내밀었다. 평생 가도 글을 쓸 일이란 부조봉투에 이름 쓰는 일밖에 없을 친구가 웬 만년필인가 했다. 하지만 의문은 금세 풀렸다. 그것은 만년필형 라이터였다. 기발한 변형에 고개를 끄덕였던 기억이다.

힘을 좀 주는 듯 가볍게 벽으로 위장된 문을 밀어버리던 여자.

잠시나마 가라앉은 일상에서 깨어나게 하는 것 같았다.

105
인사 한마디

오늘 서귀포에는 비가 온다.

농사일이 바쁘건 말건 비 오는 날은 농사꾼에겐 쉬는 날이다. 일요일이니, 주 5일 근무제니 하는 것은 아무 의미가 없고, 시도 때도 없이 쉬는 날이 온다.

그래서 아침에 어머니 침술 치료에 동행했는데 이변이 일어났다.

지금껏 8년째 그 한의원을 드나들었지만, 원장과 3명의 간호사가 먼저 인사하는 것을 보지 못했다. 그런데 오늘은 두 간호사가 생긋 웃으며 인사를 하는 것이 아닌가. 웬일일까, 확실한 이변이었다.

인사는 먼저 하면 되는 것이려니 하고, 내가 먼저 인사를 시도한 일도 두어 번 있었다.

그 결과 굳이 손바닥도 마주쳐야 소리가 난다는 말을 하지 않더라도, 소가 닭 보듯이 하는 바람에 무안만 당했다. 그래서 그 후론 아예 인사는 포기하고 대기실에서 신문만 보다가 온다.

오늘도 원장을 만났지만 입을 한 일자로 굳게 다물고 눈길 한번 주지 않았다.

사실 인사란 누구에게나 기분 좋은 일이다. 일상에서 친밀한 사람이 아니면 보고도 못 본 척 지나갈 때가 많다. 묘한 것은 그럴 때 상대방이 눈치채지 못하는 경우가 거의 없으니 딱한 노릇이다. 오히려 만나지 않았으면 씁쓸한 기분이 되지 않았을 터이다.

세상에서 제일 쉽고도 어려운 것이 인사인 것 같다. 인사가 자연스럽지 않을 때 오해도 사고, 좋은 관계가 소리 없이 무너져 내리는 것도 종종 본다.

나는 가진 것이 없으니 그냥 맨입으로 인사라도 잘하는 사람이면 어떨까.

106
내가 제일 듣기 싫은 세 가지

술 많이 먹지 말아라.

아직도 담배 피우느냐?

배가 너무 나왔다.

다 맞는 말이다. 무진 노력하는데 참 어렵다. 또 한 해를 넘긴다.

107
거울

농사일을 마무리하고 이발소에 가 앉았다. 지치고 힘겹지만 편안했다. 이발사에게 머리를 맡기고, 하라는 대로 고분고분 순응한다. 고작 한 달에 한 번밖에 기회는 안 오지만, 좋은 시간이다. 피로에 지쳐, 머리를 만지면 스르르 잠이 밀려들어 그 잠을 쫓는 것이 고역일 지경이다.

작업을 끝내고 흙 범벅이 된 승용차를 세차하러 갔다 왔으니, 몇 시가 됐을까. 습관대로 거울에 비친 이발소의 벽시계를 보니 일곱 시다. 겨울이라 다섯 시면 어두워지는데 이상했다. 얼른 보기에 초침이 멈춰 있는 것 같아서 죽은 시계이겠거니 했다. 그런데 초침은 움직이고 있었고, 거꾸로 가고 있었다.

후배인 이발사에게 시계가 고장나지 않았느냐고 묻지 않은 것은 잘한 일이다. 하마터면 농사일에 몸과 마음이 다 지쳐서 헛소리를 다하느냐는 말을 들을 뻔했다.

말을 선불리 내뱉지 않는 것은 내게 득이 되는 장점이다. 다시 한번 확인하고 말을 걸어야지, 하고 몸을 틀었다. 시계는 정상으로 가고 있었다. 시간은 오후 다섯 시.

시계는 내가 앉은 의자의 왼쪽 뒤편 벽에 붙어 있다. 어디 거울에 사물이 바로 비치던가. 귤 수확을 마무리하느라고 너무 지쳐서, 그런 것을 생각할 겨를이 없었다.

아무튼 거울을 다시 쳐다봤더니, 나는 어디 가서 없고 피로에 지친 농사꾼 한 사람만 앉아 있었다.

108
외로움

외로움의 실체는 무엇일까.

사춘기 무렵에 끝난 것 같은 외로움이 쉰을 넘어서도 문득 찾아온다.

쉽게 말할 수 있을 것 같으면서도 차라리 포기하는 것이 더 근사치에 가까울 것 같은 막막함이 외로움이다.

이제는 아내의 손을 대신해서
벽 모서리가 등을 긁어준다는
어느 노인의,
쓸쓸한 노년의 이야기를 들으며
손이 닿지 않는 곳의 외로움을 생각했다.

모두들 벽 모서리에 등을 부비며

손이 닿지 않는 곳을 혼자 긁고 있는

우리들의 외로움

— 박상천 〈누구나 외롭다〉 전문

어느 날 신문에서 외로움의 의미를 극명하게 밝혀주는 것 같은 박상천 시인의 시를 읽었다. 등을 긁어줄 아내가 없는 노인에게 '손이 닿지 않는 곳의 외로움'을 남이 알 수 있을까. 복잡하고 바쁘다는 핑계에 젖어 살면서, 설령 등을 긁어줄 아내가 있다고 해서 외로움을 피해갈 수 있을까.

외로움은 애초부터 혼자인 우리가 피할 수 없는 숙명이다.

때로 외로울 때가 있어도 그 외로움을 느끼기엔 너무 바쁘고 적당히 합리화하면서 잊어버리지 않았던가.

'어린 왕자'는 어느 별에서 "내 친구가 되어 줘. 나는 외로워."라고 말했다. "나는 외로워…… 나는 외로워……." 메아리가 대답했을 뿐이었다.

또 어느 별에선 여우가 '어린 왕자'에게 말했지. "너의 장미꽃을 그토록 소중하게 만드는 건 그 꽃을 위해 네가 소비한 그 시간 때문이란다."라고.

사람들은 그 진리를 잊어버린 채 외로움을 느끼는 것은 아닐까.

나도 이제 늙어 가는 걸까. 서재 한 귀퉁이에 외로움을 긁어 줄 효자손이 언제나 잘 간수되고 있다.

109
본 대로 느낀 대로

얼마 전, 남양주시에 사는 누이동생 집에 갔었다. 아직 어린 두 여 조카들을 보니 무척 반가웠다.

초등학교 1학년인 여덟 살 여 조카가 이메일 주소를 알려 달라고 졸랐다. 나중에 메일이라도 보내려는가 보다 했다.

스피드 시대라서 그런가. 컴퓨터에 앉아서 잠시 뭘 하는가 싶더니만, 메일을 읽어보란다.

삼촌께.

삼촌 삼촌은 잠도 안 자고 술만 왜 처먹어?

나는 삼촌이 술 먹으면 좋아.

왜냐하면 술 먹고 담배 피니까 베란다에 가둘 수가 있잖아.

디비디비딥 연습 좀 잘해 와서 다음에 2학년이 되면은 디비디비딥을 하자.

연습 좀 많이 해! 알았어?

그럼 안녕.

2004년 12월 22일 수요일 -디비디비딥 못하는 삼촌께-

허 참, 여덟 살 꼬마둥이가 어디 가서 '처먹는다' 는 말을 배워 왔을까. 동생 집에서 저녁식사 때 백세주 두 병을 혼자 다 마신 것은 사실이다. 하지만 그것이 '처먹는다' 로 표현되어 돌아올 줄 누가 알았을까.

베란다에 가둘 수 있어서 좋다는 말은 담배를 피우러 베란다로 나오면 안에서 문을 잠가 버릴 수 있다는 의미이다. 사정사정하여(?) 빠져 나왔지만, 여덟 살 꼬마에겐 그것이 너무 재미있었을 것이다.

게임 '보리 보리 보리…쌀' 도 유치원생보다 못하고, 한 번 더 기회를 준 '디비디비딥' 도 할 줄 모르니 돌아온 답은 "에이, 삼촌 연습 좀 더하고 와야겠다." 였다.

세상 살면서 적당히 타협하고 눈치보면서 살지 않을 수 없는 50대에게, 조카의 본 대로 느낀 대로는 신선한 충격이었다.

감귤 농사꾼에게 추운 겨울은 쉴 때이니, 따뜻한 방에서 '디비디비딥' 이나 연습할까 보다.

110
타이밍

때로는 아차, 하는 순간이 얼마나 기막히게 하는가.

타이밍의 진면목은 스포츠에서 보게 마련이지만, 일상에서도 예외는 아니다.

언젠가 집에 있는데 누가 현관문을 노크하는 소리가 들렸다. 막 라이터를 당겨서 불을 붙인 담배를 입에 문 채 문을 열었다. 아하, 들어선 사람은 출석교회의 목사였다. 민망하기 짝이 없었다. 목사는 화장실이 어디냐며 그쪽으로 갔지만, 내 민망함을 약간이라도 덜어주려는 배려였음을 어찌 모르겠는가. 사전에 방문하겠다는 전화가 있었지만, 그렇게 타이밍이 맞아떨어질 줄 도사인들 알았으랴.

오늘 아침에는 식사를 끝내고 침을 뱉으려고 현관문을 반쯤만 열고 3미터 떨어진 화단으로 퉤, 뱉었다.

그런데 이 일을 어찌해야 좋을지. 현관 앞을 가로지르던 만물수리센터 아저씨의 점퍼에 침이 척 달라붙었다. 당황해서, 딸에게 "화, 화장지! 빨리 빨리!" 말도 더듬었다. 가래침을 닦아드리고 정중하게 사과했지만 황당하기 짝이 없었다.

어찌 그렇게 절묘한 타이밍이었을까. 약간 각도만 달리했으면 얼굴에 맞을 뻔했는데 그나마 점퍼에 침이 맞은 것은 천만다행이라고 해야 할 것 같다.

변기가 고장나서, 봉고 차 한 대에 각종 부속을 싣고 다니는 만물수리공을 아내가 불렀던 것이다. 수리비가 생각보다 비쌌지만, 지은 죄가 있으니 아무 소리도 못했음은 물론이다.

타이밍(timing)은 "시간적 조절 또는 효과적인 결과를 얻기 위한 시간적 선택, 연출의 효과를 극대화하기 위하여 연주나 악기의 속도를 조절하는 일, 체육에서 적당한 때에 속력을 낼 수 있도록 동작의 속도를 조절하는 일"이라고 사전에 풀이되어 있다.

이제 며칠 후면 나이만 하나 추가할 나는 인생의 효과를 극대화할 수 있게 타이밍을 잘 맞추고 있는가. 이 부분에 아무래도 자신이 없다.

111
예의

23년 전, 그 날은 눈보라가 아우성이었다.

결혼 23주년이다. 한번도 거르지 않고 결혼기념일에는 그 어려웠던 삶의 여정들을 되돌아보곤 했는데, 이번엔 사정이 있어 곤란했다.

초등학교 혼성동창회가 예정돼 있고, 회장을 맡아야 할 차례여서 방법이 없었다.

아이들에게도 아빠의 일정이 겹치니, 이번에는 며칠 후인 아빠의 생일과 겸하자고 미리 얘기를 해뒀다.

그런데 그 날 오후에 딸이 케이크를 사 들고 오는 것이 아닌가. 자기도 아르바이트 끝내고 집에 오면 열 시인데, 그 때 기념식(?)을 하면 되지 않느냐고 했다.

나는 동창회에서 2차로 단란주점엘 갔다. '대한민국에서 노래를 제일 못 부르는 사람' 이지만, 막춤을 곁들여서 한 곡을 성공적으로 끝냈다.

3차는 양해를 구하고 집으로 왔다. 밤 열 시.

"결혼 축하합니다. 사랑하는 엄마 아빠 결혼 축하합니다."

아들과 딸의 노래를 듣고 샴페인 한 잔, 케이크 한 조각을 먹으면서 다짐했다.

어차피 한세상 사는 일이 만만찮다. 어려움이 밀려와도 루비콘 강을 건너는 결단으로 살아야 할 일이 아닌가.

남들처럼 잘난 명예가 없어도, 돈이 좀 없어도, 화려한 직장이 없어도, 뭐 신나는 일이 없어도….

아무 준비도 없는 예외적인 결혼기념일이었지만, 마음만은 편안했다.

춥기는커녕 따뜻한 밤이었다.

112
절대는 없다

평소 대화에서나 글에서 '절대' 란 말을 실수가 아니면 쓰지 않으려고 애쓴다.

사실은 그렇지도 못하면서 '절대로 그런 일이 없다.' 고 우겨서, 기분 상하는 경우가 있다. 막말로 쥐어박을 수도 없고 속이 터질 일이다.

나 또한 자의든 아니든 그런 경우가 많으리라 생각하고 '절대' 는 다른 말로 대체하여 쓴다.

하루는 문상을 가서 쉬고 있는데 휴대폰이 울렸다. 폴더를 열었더니 모르는 번호가 떴고, 어떤 아주머니가 누구시냐고 물었다. 자기가 누구라고 밝히지도 않고 자꾸 이쪽만 확인하려는 것에 기분이 상했지만 참았다. 상대가 누군지 확인이 안 되니까 나 또한 왜 그러시냐고 물었다.

이런, 자기 휴대폰에 내 번호가 찍혀 있어서 전화했단다. 별일이었다. 전화한 일이 없다고 거듭 말하자 퉁명스럽게 전화를 끊었다. 아무리 '쉰세대'이기로서니 별반 통화량이 많지도 않은 내가 몇 시간 전에 그것도 아주머니와 통화시도를 했다면 그걸 잊을 리가 있겠는가. 전화한 일이 없으면 됐다고 하면서 오히려 그 아주머니가 신경질을 내는데 난감할 뿐이었다

사람은 거짓말을 할 수 있어도 기계는 거짓말을 못한다. 전화를 끝내고 휴대폰을 열어서 통화내역을 확인해 보고 그만 아연했다. 그 아주머니와 통화를 시도했던 흔적이 그대로 있다니!

잠시 이유를 몰라 헤맸지만, 이내 원인규명이 됐다. 문상을 갔던 동료에게 휴대폰을 잠시 빌려줬던 일을 깜박 잊었던 것이다.

내가 한 전화는 분명 아니었지만, 그 아주머니의 휴대폰엔 내 번호가 찍혀 있었을 것은 당연했다. 웬 남자가 쓸데없이 전화를 하려다가 사과는커녕 오히려 북북 우긴다고 했을지도 모를 일이다.

아무튼 절대로 전화한 일이 없는데 왜 언성을 높이고 짜증을 내느냐고 다투지 않은 것은 잘한 일이다.

절대는 없다.

113
5대 장성

문상을 가서 오랜 시간을 다른 문상객들과 함께할 경우가 있다. 지루함도 달랠 겸 이야기를 하다 보면 별말이 다 쏟아진다.

며칠 전 어머니 상을 당한 친구의 문상 때도 그랬다. 유독 말하기를 좋아하는 얘기꾼이 한 사람 있었다. 그가 모여 있는 사람들에게 5대 장성을 아느냐고 물었다. 이미 다 아는 얘기지만 얘기꾼의 말허리를 누가 자르겠는가.

군 생활을 해본 사람은 장군이 어떤 위치인가를 잘 알 터이다. 초등학교 때 배운 해왕성, 명왕성 하는 하늘의 별보다도 아득히 먼 위치이다.

별 하나 준장, 둘 소장, 셋 중장, 넷 대장!

그 다음은? 병장이다. 장(長)과 장(將)의 차이를 모르는 바 아니지만.

이 기회에 나도 병장 출신임을 밝힌다.

114
고장

사람이 평생 동안 겪게 되는 갖가지의 경우는 수십, 수백만이 되지 않을까.

원래부터 사람은 완전한 존재가 아니다. 그래서 착오도 있고 실수도 있게 마련이다.

얼마 전, 친구 어머니의 장례식에 갔을 때다. 장의사가 일을 하는 동안 무료하게 시간 보내는 것이 아까웠다. 동료와 산책을 하다가 눈에 띄는 납골묘를 찾았다. 요즘 정부 시책으로 납골묘가 권장되는 세태이니 이번 기회에 봐 둘 필요가 있었다.

열 평쯤은 차지해서 설치된 납골묘가 산야에 어울리지 않았다. 인조대리석으로 시공돼서 자연과는 전혀 친하지 않은 느낌을 받았다. 납골묘가 지금 기존 묘를 설치하듯이 가족이나 문중

단위로 설치해 나간다면 오히려 더 자연이 훼손 될 듯싶다.

납골묘 앞에 세워진 크고 번드르르한 비석을 살펴보다가 아연했다. 국한문혼용의 비문을 보며 좀 깬 집안이구나 했는데, 여지없이 생각이 빗나갔다.

요즘 아버지 묘소에 쓸 비석의 비문을 국한문혼용으로 마련하느라 공동묘지와 가족묘지에서 수백 개의 비문을 살펴보고 있다. 그 연장선상에서 그 비문을 읽었던 것이다.

아하, 그런데 실수인지 착오인지, '우리 고장의…' 라고 해야 할 것을 '故障' 이라고 해놨다. '납골당이다' 해야 할 것을 '납골당이시다' 로 새겨놓은 것은 봐준다고 하더라도, 참으로 돈 푼깨나 들었을 비석 값이 아까웠다.

앞의 한자 '故障' 은 기계나 설비 따위의 기능에 이상이 생김을 말한다. '우리 마을', '우리 고장' 은 순 우리말이다. 어차피 국한문혼용 비석이니, 한글로 썼으면 좋았을 것을 괜히 가문의 무지만 드러낸 꼴이었다.

한글로 '우리 고장' 이라고 쓰면, 글을 읽을 줄 아는 유치원생 정도만 되어도 뜻을 파악할 것이 아닌가.

이상의 내용을 인터넷 카페의 글 쓰기 동호회에 올렸더니, 한 사람의 꼬리말이 수작이었다.

'그 가문에 고장이 났나 봅니다.'

115
삼일절과 청백전

1월이 다 저문다.

신문을 보다가 '삼일절' 이라는 단어가 눈에 띄어 '벌써 무슨 삼일절? 얘기인가 했다. 알고 보니 며칠 전 국립국어원에서 발표한 2004년 신조어 626개 중에 대한 내용이었다.

'삼일절' 이 무슨 뜻일까? '31세면 절망' 이라는 뜻으로, 경쟁에서 살아남기 힘든 직장인의 현실을 비유한 말이란다.

'청백전' 은 '청년 백수 전성시대' 의 준말이다.

'혼테크' 는 결혼을 잘 활용함으로써 재테크처럼 최대한의 이익을 내는 일이라나. 어쩜 혼테크는 남에게 피해를 주는 일이 아니니, 적극 활용해서 성공하기를 바라는 마음이다.

'택숙자' 는 택시를 거리나 공항 등에 세워둔 채 잠을 자며

기다리는 기사를 말한다. 택숙자인들 그러고 싶겠는가. 날로 어려워지는 경기침체에 그래도 살아보겠다고 전쟁을 하는 입장임을 생각하면 숙연해질 뿐이다.

'금둥이' 는 저출산으로 금쪽 같은 사랑을 받는 아이이다. 정관수술을 하겠다는 도장만 찍으면 '받아봐야 별 무효과' 였던 예비군 훈련을 면제해 줬던 시절이 엊그제 같은데….

'언니주의' 혹은 '언니즘' 은 뭘까. 오빠, 누나, 형, 언니 등을 모두 언니라고 부르자는 주장이다. 여권 신장을 엿보게 하는 신조어다.

'온달 콤플렉스' 는 신데렐라 콤플렉스와 대비되는 개념이다. 남성이 일시에 자신의 인생을 화려하게 변모시켜 줄 여자를 기다리는 심리적 의존 상태를 가리키는 말이란다.

'디지털 치매' 는 무슨 소릴까? 휴대전화와 같은 디지털 기기에 지나치게 의존한 나머지 기억력이나 계산 능력이 크게 떨어진 상태를 뜻한다.

남의 얘기할 것도 없이 나도 아들이나 딸의 휴대폰번호를 잘 기억하지 못한다. 단축번호 7번과 8번으로 다 통하니 불편한 점은 전혀 없다.

그렇지만 치매로 가지 않게 왕성한 글 쓰기 훈련이라도 할까. 나이가 몇이냐고요?

'오, 사 세!'

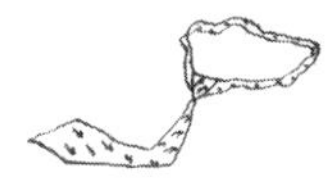

116
가다가 힘들면

산다는 일이 쉬운 일이 아니다.

어렸을 때에는 아버지의 연령이 되면 정말로 사는 일이 별게 아닐 것이라고 생각했다. 지명의 나이를 몇 년 넘기고 내가 아버지로 살아가는 지금도 그런가. 아니다. 아버지도 힘들고, 아버지의 아버지도 힘들고, 또 그 아버지의 아버지도 힘들었겠구나 추측을 해본다.

설이 가까워지자 경기침체로 들리는 소리가 너무 어두웠다. '부도 직전' 이라는 실토가 여기저기서 합창으로 터졌다.

장사꾼에겐 설 대목이라는 말도 옛날애기란다.

만 원 세뱃돈을 오천 원으로 하향조정하기로 했다는 보통사람들의 마음도 아팠을 것이다.

나는 농사꾼이지만, 아내는 장사꾼이다. 농사꾼도 길이 안 보이고, 장사꾼도 길이 안 보인다.

농사꾼의 한 달 남짓한 겨울철 휴식도 다 끝났다. 요즘 내겐 "가다가 힘들면 쉬어 가더라도" 라는 가요 〈홀로 아리랑〉의 한 소절이 애창곡이 되었다. 노래에 동화되어서 더 그럴까. 힘들어서 노래가 나오는 걸까. 그걸 굳이 알려는 바보가 있을까. 그래도 힘들면 쉬고 봐야지.

"가다가 힘들면 쉬어 가더라도, 손잡고 가보자 같이 가보자" 라는 맺음이 마음에 위안을 준다.

가고 또 가는 인생길, 힘들 때가 어디 한두 번이랴. 그렇다고 힘드니까 되는 대로 살자고 방향을 바꿀 것인가. 아니다, 힘들면 '쉬어 가더라도' 가고자 하는 길을 가려는 열정을 태워야 한다.

117
기도

설에는 가족끼리도 오랜만에 만나는 기쁨으로 화제가 만발한다.

설날 오후에 고모 내외가 어머니께 세배를 하러 왔다.

지금은 나도 교회에 나가지만, 3대 장손인 입장에서 40세가 되어 교회에 발을 들여놓는 일은 이 지역에선 1%도 안 되는 예외다. 제사 문제 때문이다. 당연히 내 입장도 자연스럽게 신앙생활을 시작한 것은 아니었다. 병마로 헤맬 때 지푸라기라도 잡는 심정으로 우연히 비슷한 연배의 목사를 만나면서 그리 된 것이다.

신앙의 갈등을 겪고 일년을 쉰 다음에 다시 시작했다. 지금 60세인 고모가 권사의 직분을 맡고 있는 교회로 옮긴 지 6개월이 다 되어간다.

옛날에 동네 교회당으로 나를 처음으로 데리고 갔단다. 네 살쯤이었다고 하니 뭘 알았겠는가. 지금으로부터 50년 전의 세월임에랴. 기도 순서가 되어 고모가 눈을 감았더니, 두리번거리던 내가 흔들어 깨우면서 "은희(가명)야, 졸지 마라!" 하고 일갈하더라나.

고모는 당시 열 살 정도였을 때니 지금도 기억이 선명해서 웃음이 나온다고 했다. 물론 나는 크리스마스 때 사탕에 홀려서 몇 번 교회에 갔던 기억과 허름한 예배당의 모습은 떠오르지만 그 외에 기억은 없다.

이리도 세월은 흐르고… 그래도 기도하는 마음이여.

지치고 곤하여 쓰러질 때라도 다시 일어서게 하시고.

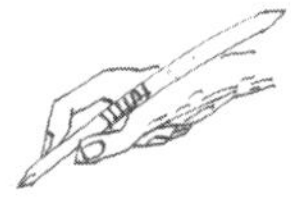

118
일 년만 더

지난 설날에 동생들에게 건넨 덕담은 공히 '일 년만 더!' 였다.

차례로 공무원, 기자, 은행원인 동생들이 내게 세배를 할 때마다 '일 년만 더!' 를 외치면서 잡은 손에 힘을 주었다.

'사오정 오륙도' (45세 정년, 56세 봉급도둑)가 실감나는 시대에 살면서 한 해를 버티기가 여간 힘들지 않을 줄 안다. 그래도 지금껏 승진도 제때 하고 잘 버텨 왔으니, '일 년만 더'라고 힘을 내다보면 정년까지 가겠지, 하는 뜻에서였다.

동생이 그 뜻을 모르겠는가. 기자를 하는 동생은 "난 5년은 더 해야쿠다(해야겠습니다)." 한다.

옳거니, 좋고도 좋다.

119
어떤 반납

대학 3년인 딸이 내 서재로 왔다.

"아빠, 서귀포(시내)까지만 태워다 줘."

"그래? 아빠 볼에 뽀뽀 한 번만 해주면 태워다 주지."

"그래요, 쪽! 쪽!"

"얌마, 누가 두 번 하랬어? 이리 와. 한 번은 반납!"

딸의 볼에 한 번을 쪽 소리나게 반납했다.

120
채팅 여담

드문 일이지만 가끔은 글 쓰기 회원들과 채팅을 시도한다.

쉬기로 작정한 저녁 시간에 컴퓨터에 어슬렁거리는데, 아무개 여자 회원이 떴다.

예전과 달리 상대의 수락이 없이는 대화가 가능하지 않다. 그런데 바로 아무개가 대화에 참여했다고 수락명령이 떨어졌다. 당연히 독수리 타법의 달인인 내 손가락이 부지런히 날았다.

첫 엔터를 치려고 고개를 드는 순간, 아이고 이런! 'dkssudgktpdy? qksrktmqslek.' 미국에서 반세기를 산 사람인들 해석이 가능하랴. '안녕하세요? 반갑습니다.' 란 인사였다.

한/영 키를 조치하지 않은 채 속도에만 신경을 쓴 결과였다.

이거 오늘은 초장부터 글렀구나, 하는 실망을 누르며, 다시 시도했다.

그런데 왜 이럴까. 손가락이 병든 독수리처럼 민첩하지도 못한 데다가, 오타는 왜 심한지 한심스럽기가 곱빼기였다.

평소 작품을 쓰거나 인터넷의 카페에 글을 올릴 때는 오타도 없고 스무드하게 잘 나가는데 채팅만 하면 헤맨다. 이런 실력 가지고 원고는 어떻게 쓰느냐고 타박하는 사람이 이제껏 없었으니 다행한 일이다.

어쨌든 퇴근 시간이 다 돼서 바쁘다는 사람을 붙잡고 3분쯤 대화를 했을까. 이번엔 따르릉 집 전화가 계속 울렸다. 이거야 정말, 하루에 몇 번 전화가 있을까 말까 한 사람에게 이럴 때 걸려오는 전화가 밉기만 하다.

1분쯤 전화를 받았을까. 통화를 후딱 끝내고 컴퓨터로 돌아왔더니, '독수리가 지쳐서 기절했느냐? 안녕.' 한 마디를 남기고 벌써 자리를 떴다.

이럴 때마다 워드를 배워야겠다고 생각하지만, 한두 번 연습으로 끝나고 만다. 가다가 안 가는 경우는 내 습성상 아주 드문데, 워드에 한해서는 특별 예외다.

작품을 쓰는 데 큰 불편이 있었으면 벌써 워드부터 익혔을 텐데, 좀처럼 워드 연습의 엄두가 안 난다.

홀딱 반할 만한 여자 회원이 나타나서, 워드를 못하면 다음부터 채팅을 안하겠다는 엄포라도 쳐야 정신이 들려는지 모르겠다.

121
어떤 증명서

2월도 막바지로 접어든다.

1, 2월은 농사꾼에겐 쉬는 달임에도 불구하고, 바쁘기만 하다. 각급 학교의 동창회, 친목회, 종친회 등의 결산을 겸한 총회가 계속 이어지기 때문이다.

어제는 할아버지 제사, 오늘은 외할머니 제사가 덤으로 붙었다. 어저께는 생각지 않은 특별 손님도 들이닥쳤다. 남양주시에 사는 누이동생이 애들을 데리고 내려왔다. 아이들이 방학을 했고, 오랜만에 고향에 오고 싶어서였다.

오늘은 관광에 나섰다. 이제 초등학교 2학년과 4학년이 될 어린 여 조카들이 천지연폭포를 보고 싶다고 했다. 매표소 입구에 섰더니, 입장료가 어른 2천 원, 어린이 천 원이었다. 증명서를 소지한 도민은 무료라는 단서가 붙어 있다.

주민등록증이 필요한 때가 일 년에 몇 번이나 될까. 필요할지도 모른다는 생각에 지갑에서 주민등록증을 꺼내어 호주머니에 넣은 채로 매표소 앞에 섰다.

주민등록증을 무슨 특혜 증명서처럼 내보이기가 싫었다. '서귀포 사람이우다.' (입니다.) 이 한 마디에 그냥 통과시키는 매표소의 아가씨가 아름다워 보였다. 이보다 더 확실한 서귀포 사람의 증명서가 있을까.

제주도 사투리의 억양은 특이해서, 어렸을 적부터 동화되지 않으면 쉽지 않다. 이삼십 년을 제주에 적을 두었으면서도, 억양은 타지방 언어 그대로인 경우가 대부분이다.

서귀포에 살면서도 입장료가 무료인 천지연에 가는 일은 일 년에 한두 번도 안 된다. 뭐가 그리 바쁘다고 여유가 없이 그러느냐고 할지도 모른다. 그렇지만 저무는 나이가 될수록 여유를 즐기는 형편보다는 삶의 무게가 더 무거운 것을 어찌하랴.

'서귀포 사람이우다.' 한 마디로 통과되듯이 뭐 자신만만한 일이 없을까.

그렇구나. 인생을 이렇게 저렇게 열심히 살았다는 각종 증빙서를 갖추지 않아도 아는 사람은 다 알고 있다. 얼마만큼 성실한 인생을 살았는가를.

아직도 가야 할 길이 먼데, 증명서 필요 없이 증명이 되게 살 일이다.

122
여유 찾기

남양주시에 사는 누이동생이 열흘 간의 일정으로 집에 내려왔다. 초등학교 2학년과 4학년이 될 여 조카 둘이 잠은 독채인 어머니 방에서 같이 잔다.

유달리 나를 좋아하고 따르는 아홉 살 여 조카는 아침에 눈만 뜨면 삼촌, 삼촌 하면서 쪼르르 달려온다. 화장실에 갈 때만 빼놓고 계속 따라다니는 것이 귀찮기도 하고 귀엽기도 하다. 앞으로도 6일이나 남았는데 걱정이다. 글을 쓰는 서재에 수시로 들락거리니 글이 될 리가 없어서다.

낮에는 감귤박물관과 외돌개 해안산책로 등을 누이동생과 조카, 어머니와 함께 관광했다.

외돌개 진입로 입구의 편의점에서였다. 어묵을 사 준다고 하니까 어린 조카가 좋아했다. 편의점의 탁자에서 일행이 어묵을 먹는 동안 담배 한 대를 피우고 있었다.

어머니와 누이동생, 큰조카가 밖으로 나오길래, '은혜는 어디 갔느냐?' 고 물었다. 안에서 혼자 먹는 중이라고 했다. 밖을 비닐로 간이 처리한 곳이어서, 몰래 옆으로 돌아가 보았다.

탁자에 혼자 앉아서 마지막 어묵을 느긋하게 먹고 있었다. 혼자만 남겨져 있는 것을 전혀 의식하지 않는 듯싶었다. 그러더니 잠시 후엔 그 큰 어묵 사발을 들어 국물을 마시는 것이 아닌가.

그렇게 여유만만할 수가 없었다. 바쁘다고만 외쳐대는 세상에 살면서 여유가 무엇인지를 잊은 지 오래다. 다 먹은 것을 확인하고 안으로 들어가서 그만 가자고 했을 때야 맛있다며 일어섰다.

집으로 오는 내내 어묵 국물까지 한가하게 마시던 어린 조카를 생각하며 미소짓지 않을 수 없었다.

그냥 바빠도 바쁘고, 바쁘지 않아도 바쁘다는 생각이 머리속에 꽉 차서 일상에 허덕이고 있지는 않은가.

좀처럼 여유가 무엇인지도 모르던 내게 어린 조카가 '여유란 바로 이런 것입니다.' 하고 가르쳐 준 것만 같다.

123
세차

한 달에 한두 번 세차를 한다.

어제는 차가 너무 더러워서, 농장에 간단한 작업을 하러 갔다가 세차를 했다. 아직 2월 하순이어서 겨울인지 봄인지 구분이 안 간다. 차가운 물에 걸레를 빨아 대충 닦았다.

오늘은 비가 내린다. 살랑살랑 오는 봄비가 아니다. 때론 좍좍 내리기도 하는 비 날씨다. 어제 세차한 것은 그대로 헛수고가 되었다.

그것 참 이상하다. 언제부터인가 내가 세차를 하기만 하면 빠르면 두어 시간 만에, 보통은 하루가 지나기 전에 비가 내린다.

이거, 이러지 말고 여름에 가뭄으로 아우성일 때, 적당히 세차를 하면 누이 좋고 매부 좋을 것이 아닌가. 그러면 기우제라도 지내야 할 판인 자생단체에서 소주랑 고기랑 싸 갖고 올 것이다.

'세차 좀 해주시기를 비나이다.' 하고 절을 할 것이고, 나는 그냥 폼만 잡으면 될 것이다.

124
관행 바꾸기

조그만 가게를 운영하는 사람들은 월말이면 어음을 막기 위해 고심을 한다. 아내가, 장기간 불황으로 매출이 신통치 않으니, 이번엔 대출을 좀 받아야겠단다.

아침 출근길에 농협에 같이 가서 사인 한 번만 해주면 된다고 했다. 주민등록증과 사인만으로 가능하다니 좀 의아했다. 대출절차에 따르는 복잡한 관행이 언제 그렇게 간편해졌을까.

돈에 별다른 관심이 없는 나로서는 큰 건에 대해서 가부간 결정을 할 뿐, 세부적인 사항은 잘 모른다. 돈에 관한 복잡한 서류 같은 것을 보는 것을 싫어한다는 것을 아내가 더 잘 알기 때문에 간단한 것처럼 유혹했을 것이다.

아무튼 주민등록증과 사인만으로 간단히 끝난다는 아내의

말만 믿고 가까운 농협 지소에 갔다. 하지만 대출이 어디 그렇게 쉽게 되는가. 순진한 내가 문제지.

여직원이 손가락으로 짚는 주소, 이름, 성명 등을 숨도 안 쉬고 열 번쯤은 되풀이해서 썼다. 대출서류가 으레 그렇거니, 열 페이지쯤 되는 서류에 무슨 내용이 있는지 전혀 살필 틈이 없었다. 늘 하는 관행이니 별 불편한 마음일 것도 없었다.

이름을 쓴 곳마다 서명란도 마련돼 있었지만, 사인도 되느냐고 물어볼 필요는 없었다. 아내가 도장을 챙겨서 갔기 때문이다. 여직원이 받아서 필요한 곳에 꾹꾹 누르면 그만이었다.

관행 바꾸기가 그리 쉬운 일인가. 몇 해 전부터인가 금융기관에서도 일부 서류에 서명으로 처리가 가능하도록 바뀌었으나, 도장이 있으면 더 좋다는 관행에 익숙해져 있다.

그렇지만 평소에 도장을 가지고 다니지도 않을뿐더러, 꼭 필요한 경우가 아니면 도장까지 찍어야 하느냐고 불만이었다.

볼 일을 마치고 농협을 나설 때였다.

다른 것은 다 안 바뀌어도 좋으니 23년째 요지부동인 당신이나 좀 바꿨으면 좋겠다고 했더니, 아내가 쓸데없는 소리 하지 말라며 내 옆구리를 쥐어박았다.

125
완패

2월말이다. 2월엔 각종 모임이나 동창회, 경조사 등으로 하는 일 없이 피곤하다.

많이 피곤하여 저녁시간에 좀 쉬어볼 요량으로 자리에 누웠다. 겨우 5분쯤 지났을까, 머리맡에 놓아둔 휴대폰에서 퐁 소리와 함께 문자가 떴다. 알고 지내는 띠 동갑의 여류시인이었다.

"계유년 닭 두 마리 후딱 해치워 버렸네요."

"워낙 공부를 못했던 사람이라 무슨 소린지 깜깜하네요."

"ㅋ 벌써 2월이 다 갔잖아요."

"이구, 먹보인 나는 먹는 것만 생각했지요, 통닭이라든가 삼계탕…."

"선 기자 승!"

"축하합니다."

완패였다. 잠자는 것을 포기했음은 물론이다. 예쁜 여자와 문자메시지를 날리면서 졸리는 남자가 있다면 나와 보라고 하지 않겠다. 건강에 큰 이상이 있는 징조이니 얼른 병원에 가 보는 것이 그래도 낫지 않겠는가.

126
아들과 딸의 반응 차이

아들과 딸의 개학날이다.

남매는 서귀포에서 제주시에 있는 같은 대학교에 다닌다. 자취하기엔 여러 가지 불편한 점이 있어서 통학하는 쪽을 택했다. 대신 괜찮은 소형차 하나를 새로 사 줬으니, 둘이 알아서 다닐 것이다.

'새로운 시작을 위하여' 라는 것을 전제로, 배추 이파리 한 장씩을 용돈으로 줬다.

아들은 '고맙습니다.' 하면서 무게 있는 표정으로 기쁘게 받았다. '새로운 시작' 의 의미가 마음에 닿았나 보다. 2년간의 군복무를 끝내고, 2학년으로 복학하는 감회가 깊을 것이다.

딸은 "우와~, 고오 맙 스읍니다아~." 날아갈 듯한 목소리로 기쁨을 표시하며 애교를 떤다. 평소 용돈을 아껴서 요긴하게 쓰는 딸이라, 예정에 없이 주는 용돈이 반가웠으리라. 이제 대학 3학년, 어느새 애교만 늘었다.

여유가 없는 형편에서도, 구김 없이 생활하는 아이들이 고맙게 생각되어 혼자 속으로 미소지었다.

시절도 봄이지만, 마음도 봄인 아침이었다.

127
마음밭 일기

3월 중순인데도 꽃샘추위로 겨울이 머물러 있는 듯싶었다.

특별한 일이 없이 하루를 쉬었다.

간밤에 친구와 과음한 탓도 있었지만, 일기도 눈 날씨여서 어차피 농장에서 일을 할 수 없는 날이니 마음은 편했다.

내겐 '마음밭' 에서 글을 쓰는 시간이 최고로 행복한 시간이다. '마음밭' 은 조그만 내 서재의 이름이다. 20평밖에 안 되는 단독주택이지만, 아버지가 미리 예견하셨는지 방을 네 개로 만들어서 서재가 가능했다. 어려운 한세상 살아가면서 괴로운 마음도 달래고 용기를 갖자는 뜻에서 서재 이름을 '마음밭' 이라 정했다. 평온한 마음이 되도록 스스로 마음을 달래는 마음밭이다. 잘되지도 못한 3등 인생의 아픔도 치유하는 공간이다.

이주 조용하고 산속의 암자에 앉아 있는 기분이 들 때도 있다.

3월 들어 서귀포에 눈이 많이 내리는 것은 2005년 올해가 처음이다. 3월 폭설이 영동지방이나 부산, 포항 등에도 마찬가지라는 보도를 보면서 이제 자연현상마저 어리둥절하게 한다.

왜 이런가? 기상학자들도 뚜렷한 원인을 알 수 없단다. 구태여 알려고 할 필요도 없이 순응하면 그만이다. 뭐 엘리뇨, 라니냐 등의 기상 재앙처럼 3월 폭설도 무슨 이름을 하나 붙여야 하지 않을까.

눈 내리는 날, 마음밭에서 글 한 편을 쓸 수 있음에 마음이 평온하다.

128
배 타령 유감

마음대로 안 되는 것들이 너무 많다.

수많은 약이 개발되었지만, 아직껏 식성대로 먹고 자연스럽게 살이 빠지는 약은 없다. 살을 빼는 약이 있다고 해도 엄청난 부작용이 있거나 가짜일 때가 많다는 것은 아동상식이다.

운동이 체중 감량에 최적임을 모르는 사람은 없지만, 원래 게으르고 싶어하는 것이 인간의 본능임에랴.

하루 50분씩의 속보 운동을 꾸준히 하고 있는데도 아직도 어디에 가면 배가 나왔다는 '배 타령'을 듣는 신세다. 일년 남짓 운동이 계속되었으니 좀 빠질 만도 한데 별로 차이가 없으니 모를 일이다. 그렇다고 먹는 것을 절제하지 않고 살이 빠지기를 바라는 환상파도 아니다.

당연히 신문, 잡지 등에서 건강정보는 잘 챙긴다.

미국의 보건후생부는 성인병을 예방하려면 보통 강도의 운동을 하루 최소 30분, 체중 증가를 막으려면 보통 강도 이상의 운동을 60분 하라고 권고한다. '30분 가량 운동할 경우 체중 문제가 생기는 사람은 거의 없을 것'이라고 주장하고 있다.

어쩌다 한번을 제외하곤 음식도 배고픈 느낌이 있을 정도로 소식하는 편이다. 맞는 말인지는 모르겠지만 '살찌는 체질'이어서 그런가. 운동도 운동 나름이어서 달리기 등을 무리하게 하다가는 다치기 쉽다는 건강정보가 몸을 사리게 만든다. 좀 젊었을 때야 조깅으로 평균체중에 가까울 정도로 감량을 했는데, 지금은 달리기는 무리가 아닌가부터 생각해야 한다.

아무튼 모임 같은 데서 친구들이 나온 배에 시선이 가지 않을 만큼은 감량해야 하는 것은 숙제가 되었다. 배 타령을 하는 친구를 고깝게 생각할 것이 아니라, 부끄러워해야 하는 것은 맞다. 그렇지만 그렇게 성인군자처럼 모든 것을 포용할 수만 있다면, 애초에 문제될 것이 아무것도 없다는 얘기가 된다.

배 타령이 유발되지 않기 위해서는 운동량도 늘리고, 열심히 사는 것 외에는 대책이 없다.

129
카 샴푸

밖에서 아들이 세차를 한다. 통학용 차다. 새로 사 준 르노삼성 차인 SM3를 끔찍이 아낀다. 오늘, 토요일은 수강이 없는 날이어서 여유롭게 세차를 한다.

"야, 조수(같이 통학하는 딸, 토요일과 일요일은 알바 하는 날)도 없고, 으쌰으쌰 혼자 세차해야겠네."

"하하, 예!"

그런데 눈에 띄는 것은 파란색 플라스틱 병. 유리 세정제인가? 아니다. 처음 보는 물품인 '카 샴푸'였다. 돈이 된다면 별것이 다 나와서, 처녀 불알이라도 대령하겠다는 세상이 아닌가.

"아빠 차는 지금껏 카 샴푸가 어떤 것인지 맛도 못 봤는데, 차 한번 바꾸자."

"하하, 안돼요!"

내 차는 아반떼 9년 차 고물이다.

다행히 나는 평소에 세면비누로 머리를 감는다. 샴푸로 머리를 감는 일은 일 년에 한 번도 안 된다.

그 결과 카 샴푸로 머리를 감는 불상사가 생길 염려가 없으니 다행이다.

130
조기

좀 엄살을 떨면, 숨 쉴 틈도 없이 바쁜 요즘이다. 고르지 못한 날씨 탓으로 일년 귤 농사의 시작인 정지전정이 많이 밀려 있기 때문이다.

엊그제는 그럼에도 불구하고 오전 중에 작업을 끝냈다. 문협 모 회원의 출판기념회가 어중간한 시간인 오후 네 시에 있었기 때문이다. 나에 대한 호감을 갖는 여 회원의 출판기념회라, 참석을 못했다가는 이유불문하고 삐칠 것은 뻔한 일이었다.

내가 작업을 쉬는 것이 현명한 처사임을 눈치 9단인 입장에서 모를 리가 없다.

같이 동행하기로 한 회원에게서 전화가 왔다. 모임 장소에 갈 때마다 차량 문제가 신경이 쓰이게 마련이어서 친구에게 물었다.

"차는 갖고 갈 거냐?"

"음, 그래. 내 차 갖고 가지. 조기도 갖다 줘야 하니…."

"조기? 무슨 조기씩이나."

이 친구가 지역 문협의 간사를 맡았다던데, 회식 때 쓸 조기를 사다 달라는 부탁을 받았나?

"도대체 조기라니 무슨 소리를 하는 거야?"

"지난 장모님 장례 시에 조기 갖다 놓았던 것 돌려주려고…."

문협 도지회에서 반영구적으로 사용할 수 있도록 조기를 만들어 필요시마다 사용하고, 회수, 보관하여 재사용하고 있는 것을 미처 몰랐던 것이다.

"알았다, 오버."

조기는 생선 조기가 아니라, 문상용 조기(弔旗)였던 것이다.

영어로 말하는 것도 아닌데, 모국어 대화가 이렇게 헷갈릴 줄이야.

131
적당 선은 어디인가

세상에 '적당히'보다 더 좋은 것이 있을까.

모든 일을 적당히 할 수만 있다면 모든 문제는 사라질 수 있다는 것이 정답이리라.

건강에 대한 정보를 자주 접하다 보면 도대체 어떻게 하란 말이냐는 불만이 터져 나온다.

간단한 점심식사를 하면서도 반찬에 콜레스테롤이 많아서, 야채에 농약의 잔류 가능성이 많아서 등 일일이 타박을 하는 친구가 있다. 삼겹살이나 민물장어 요리에 소주 한잔을 하자면 또 건강상식을 들이대면서 손사레를 친다. 아마 건강 100세를 추구하는 모양이지만, 그렇게 오래 살아선 벽에 똥칠하는 것밖에 방법이 있을까. 적당히 편하게 먹고살다가 치매가 오기 전에 인생을 종쳤으면 하는 것은 내 마음이다.

먹는 것은 그렇다 치고, 살찐 돼지처럼 되지 않으려면 운동은 필수다.

미국 학회에서 밝힌 정보에 의하면 운동을 심하게 하면 딸기코가 될 수 있다고 한다. 딸기코를 가라앉히기 위해 운동방법과 시간을 바꿨더니 성공률이 90%로 나타났다고 한다. 딸기코 증세가 있는 사람은 기온이 서늘한 아침, 또는 저녁 늦게 가벼운 운동을 하는 것이 좋단다. 또 운동을 짧게 여러 번 하고, 실내 운동을 할 때는 창문을 열거나 차가운 음료를 마시고, 목에 젖은 수건을 걸어둘 것을 권했다. 제시하는 방법을 보니 차라리 백수가 되어 운동만 일삼아 하면서 살라는 소리다.

이쯤 되면 담배를 못 끊는 사람이 담배가 정신건강에는 괜찮다는 둥 헛소리를 하게 마련인데, 내가 그 꼴이 아닌지 모르겠다.

'개구리 배야, 조금만 들어가 다오. 밤마다 5km씩 걸으면서 열성을 보이지 않느냐?' 고 매일 운동을 하지만, 일년 전이나 지금이나 별 차이가 없다.

마루의 체중계는 항상 열정은 가상하지만 아직은 멀었다는 사인만 보내온다.

현재도 78kg에서 79까지 오락가락하니 10kg은 빼야 할 터인데. 갈 길이 멀다.

132
여자의 하품

누구는 말했다. 이 지구상의 그 많은 사람들 중의 반을 차지하는 여자를 결코 미워해서는 안 된다고. 백번 맞는 말이다.

그런데 매일 아내의 일터에 출근시키는 길에서 그 환상은 깨지고 말았다.

오늘 아침도 그랬다. 집에서 불과 수백 미터 떨어진 신호등 사거리에서였다. 평소 정류소에서 버스를 기다리거나 신호를 받아 길을 건너려는 보행자가 거의 없는 곳이다.

오늘은 길을 건너려고 대기 중인 아주머니가 보였다. 쳐다보는 순간 늘어지게 하품을 하는 것이 아닌가. 손으로 입을 가리기라도 했으면 신체생리상 자연적으로 나오는 하품에 대해서 누가 뭐랄 사람은 없다.

아, 아침부터 못 볼 것을 보고 재미없는 날이구나 싶었다. 자연현상임을 강조하는 사람에게 묻고 싶어진다. 방귀가 나오는 것도 자연현상인데, 어떤 남자가 방귀를 뻥뻥 뀌며 지나가면 좋겠느냐고 말이다.

묘한 것이 길거리에서 입이 째지게 하품하는 여자 치고 좀 반반한 외모의 여자를 본 일이 없다. 길거리에 사람이 서 있는 데도 못 본 척할 수도 있지만, '운전자의 주의 의무' 로 항상 조심해야 할 일이 아닌가.

왜 여자들은 아침에 그처럼 멋없게 하품을 할까. 간밤의 사랑작업에 피곤해서 그럴까. 생리학적으로 그 일도 남자가 여자보다 몇 배 더 피로하다던데, 맞지 않는 추정이다. 무슨 걱정거리로 평온한 잠을 이루지 못한 채로 집을 나서서 그럴까. 혹 세상살이가 따분하고 귀찮아서 무의식중에 나오느니 하품일까.

아무튼 방귀는 요령 있게 처리하기가 곤란할 때가 있다지만, 하품이야 손 하나로 살짝 가리면서 고개만 약간 돌리면 만사형통이 아닌가. 그걸 못하니 저절로 못생긴 여자가 되는 것이다.

이왕 이것저것 제대로 추스르기 어려운 세상이니, 다음엔 하품하는 여자를 만나더라도 미모의 여자일 것을 기대해 볼까.

여자들이여, 하품은 맘대로 하되, 조심은 하시라.

133
심봉사

4월 1일, 확실한 봄이다. 엊그제까지도 꽃샘추위로 겨울 채비를 하고 있었다. 이러다가 며칠 후면 곧 여름이 되는 것이 아닐지 걱정이다.

여러 날 농사일로 지친 몸이 좀 쉬는 게 좋겠다는 신호를 보내왔다. 일하기에 좋은 날임에도, 일을 쉰다.

아침에 외돌개 가는 길목에선 노란 개나리가 지천으로 흐드러져서 봄을 알리고 있었다. 일에 매달릴 때는 개나리나 유채꽃을 보고도 별다른 감흥을 느낄 겨를이 없었다.

아내의 출근길에 커피 한 잔을 마시면서, 오랜만에 고단한 몸을 쉬고 있었다. 외돌개 관광에 나선 관광객들의 발걸음이 분주했다. 특히 반팔 옷을 입은 멋진 아가씨 일행의 웃음소리가 좋았다. 심봉사가 아닌 다음에야 예쁜 여자를 보는 것을 싫어할 남자가 있을까. 역시 계절의 노래를 음미하는 것도 소시민이 살아가는 즐거움이다.

서귀포 시내에 볼 일이 있어서 나갔다가 주차를 못해 애먹었다. 목적지에서 1km쯤 떨어진 곳에 주차를 하고 걸어다녔다.

때로는 걷는 것도 싫지 않은 일이다. 의외의 글감을 챙기는 일이 종종 있기 때문이다. 길을 걸으면서 서귀포 촌놈처럼 좌우 상가의 간판도 살피고, 뭐 신기한 것이 없나 두리번거린다. 아는 사람이라도 만나서 인사를 나눌 수 있으면 금상첨화다.

거리를 걷는데 희한한 간판이 눈에 띄었다. '심봉사 눈뜨게 한 집' 이었다. 무슨 보살이거나, 그런 사람이 돌팔이로 깜짝 치료를 했다거나 점치는 집이겠지, 하며 그냥 갈까 하다가 반대편으로 돌아서서 그 집엘 가봤다.

그런데 이런, 문에는 항정살, 생오겹살이라고 써 붙인 식당이었다. 어쩐지 속은 기분이었다. 고기 맛이 좋아서 심봉사가 '아, 이 맛! 하고 번쩍 눈을 뜨는 집이라는 작명일 테지만, 과연 이러한 전략이 성공적일까. 요즘은 촌사람도 가게 이름에 혹하지 않는다. 실제로 이름만 그럴듯한 식당에서 맛있는 음식을 먹어본 일이 없다.

음식의 재료는 한정돼 있지만 맛을 내는 비법은 천 가지 만 가지다.

문득 심봉사가 눈뜰 만큼 맛있는 집을 알아뒀다가, 손님접대를 해야겠다는 생각을 해본다.

134
매직 잉크

어제는 농장의 진입로에서 부득이 후진을 해야 할 일이 생겼다.

S자 형의 좁은 도로에서 어렵게 20여 미터를 후진하다가 뒤범퍼로 담벼락을 약간 들이받았다. 판금을 해야 되게 찌그러진 것은 아니지만, 긁힌 부분이 선명해서 보기에 거슬렸다.

9년 차 고물 승용차라 크게 아쉬울 것은 없지만, 32년 운전경력을 무색게 했다. 4년을 탄 중고차를 구입해서 8만km 가까이 자잘한 사고 없이 운행해 왔다. 현재 총 주행거리가 15만km를 넘고 있으니 20만km까지는 걱정이 없겠다고 생각하고 있었다. 굴러갈 때까지 타다가 서 버리면 말고.

중고차의 편한 점은 바로 이거다. 웬만큼 긁히거나 말거나 눈 하나 깜짝할 필요가 없다.

그런데도 깔끔한 성격의 내 눈에는 하얗게 긁힌 것이 영 보기 싫었다. 카센터에 가면 적당히 눈가림할 수 있겠지만, 요즘처럼 바쁠 때 그럴 시간적 여유도 없었다.

내 차는 진한 녹색이다. 마침 검은 매직이 있어서 긁힌 부분에 덧칠해 봤다. 안 되면 말고, 되면 더 좋다. 어차피 고물 차 아닌가. 그런데 웬걸, 만사 오케이였다.

하교한 아들에게, "아빠, 오늘 차 긁힌 데 도색을 했는데 어떻게 했지?" 하고 반응을 살폈다. 마치 사고처리반 경찰처럼 잠시 차를 살피더니 "매직!" 했다. 역시 아빠의 속내를 손금 보듯이 훤히 아는 우리 아들다운 판단이었다.

'매직' 은 마술, 요술, 마력이란 뜻이 있다.

유성 매직은 빗물에 쉬 지워지지 않는다. 흔적은 남지만 중고차의 흠을 가리기 위해서 임시 방편으로 처리한 것을 알 사람도 없다. 더욱이 중고차로 팔 생각보다 탈 수 있을 때까지 타고 폐차할 예정이니 답답할 것이 없다.

밤의 대행사(?)를 끝내고 팬티를 주워 입는다는 것이 앞뒤를 혼동한 다음부터 매직으로 앞부분에 원불교 표지를 그린 적이 있다. 이 사실을 아내가 일터인 백화점에서 실토하자 동료들이 뒤집어지도록 웃은 특급유머가 되었다고 한다..

검은 매직의 용도가 다양하듯이 그렇게 살 수 있으면 좋겠다는 생각을 해본다.

135
어떤 상념

매일 서너 종류의 신문을 다 본다는 것은 백수가 아니면 어려운 일이다. 합치면 100여 페이지가 넘는 신문의 분량은 광고를 빼고 생각해도 많은 양이다. 톱기사의 제목 정도만 읽고 넘기거나, 참고가 될 만한 것만 읽는다. 취향에 맞는 부분만 대충 읽는다는 것이 맞는 표현일 게다. 그럼에도 1단 정도로 조그맣게 가려진 기사를 읽는 데는 충실하다.

얼마 전의 일이다. 유난히 많은 봄철의 농사일에 밀려 신문 보는 데는 건성이었다. 그럼에도 "끈기의 69세, 272번 만에 운전면허 필기합격" 이란 제목이 눈에 띄었다. 칠순을 바라보는 경북 농촌 마을의 한 노인이 272번의 도전 끝에 필기시험에 합격했다는 기사였다. 경북과 강원 일대를 돌며 집 수리공으로 일하는 직업상 면허가 필요했지만, 글을 못 읽어서 엄두도 낼 수 없었다고 한다.

지난 2000년부터는 구술시험이 도입돼서 시험에 응시할 수 있었다는데, 그게 쉬운 일이었을까. 5년째 면허시험장에 출근하다시피 한 열정도 그렇고, 지금은 농사를 지으면서도 오기가 생겨서 운전면허를 따려 했다니 정말 대단한 의지의 인물이다. 한두 번도 아니고 이백일흔한 번의 낙방이 쉬운 일일까.

기사 제목에서 강조된 69세와 더불어, 아버지에 대한 생각이 떠오른다. 지난 4월 청명 때 산소에 비석을 세웠고, 이제 가신 지 7년째다. 고생만 하고 자녀들이 잘사는 모습을 보지 못하고 영면한 연세가 69세다.

누구나 마찬가지겠지만 사는 일에 휩쓸리다 보면, 늘 가신 임을 생각하며 살아갈 수는 없다. 아니, 늘 잊고 있다가 때때로 한번쯤 생각난다는 것이 맞는 말일 것 같다.

'끈기의 69세' 라는 기사 제목에 달린 사진에서 오버랩되는 아버지 생각.

참 묘하게도 이 글을 쓰다 보니, 내일이 5월 8일이다.

136
명품

얼마 전 제주공항 면세점에서의 일이다. 시간이 생기면 가만히 앉아 있기보다는 여기저기 기웃거리는 편이다. 혹 의외의 글감을 얻게 되지나 않나 해서다.

그렇지, 탑승하려면 아직 시간이 남았으니 면세점이나 구경해야지.

고가 물품이 명품이라는 등식은 성립하지 않을 터인데, 대부분의 상품은 고가였다.

글을 쓰는 입장이어서인지 눈에 들어오는 필기구들이 있었다. 웬만하면 하나 사고 싶었다. 아직도 초고는 꼭 원고지에 쓰는 버릇이 있어서다. 물론 컴퓨터에서 바로 작업하고 수정하는 모든 과정을 처리할 줄 알지만, 그래도 원고지에 써놓고 몇 번이고 수정하는 것이 '구워진' 글을 쓸 수 있다는 생각에서다.

생각이 잘 풀릴 때는 글이 원고지 위를 날아가듯이 써야 하는데, 필기구가 시원찮으면 짜증이 난다.

면세점의 물건은 모두 가격이 달러로만 표시돼 있고, 환율이 표시된 계산기가 놓여 있다. 부담이 안 되면 볼펜이라도 살 요량으로 가격을 살폈다. 프랑스산 '워터맨' 이라는 상품이 70불을 달고 있었다. 계산기로 환산했더니 5만 5천 원이다. 아서라, 한번 쓰고 버릴 볼펜에 거금을 투자하긴 아까웠다.

요즘처럼 컴퓨터 만능 시대에 좋은 명품 볼펜이나 만년필을 가지고 글을 써야 할 사람은 누구일까.

올라가지 못할 곳에 있는 포도를 보면서 "저 포도는 시어서 못 먹어." 라고 원숭이가 그랬다던가.

글도 못 쓰는 주제에 명품씩이나 찾다니, 하고 스스로 위로하면서 면세점을 나왔다.

137
꽃길

아침에 출근하는 길에서였다.

집에서 조금 차를 몰면 길의 좌우가 하얀 조팝나무꽃으로 아우성이다. 해마다 4월 하순이면 보게 되는 광경인데도 늘 새로운 느낌이다. 흐린 날에는 등불을 켜놓은 것같이 환하다.

꽃을 싫어하는 여자가 있으랴만, 아내는 유달리 꽃을 좋아한다.

"우와, 보기 좋네요."

'어, 그래?' 하고 만다면 나도 재미없는 남자일 뿐이다. 승부수를 던지는 데 걸리는 시간은 단 2초.

"거 봐! 나한테 시집오기를 잘했지? 아니면 어디서 5백 미터나 되는 이 꽃길을 봐?"

"어이구, 어이구…." 만 연발하고 아내는 말을 잃었다. 기절할 만큼 강력한 어퍼컷이었던 모양이다.

본선도로로 나가는 이면도로여서 차를 빨리 몰 필요도 없다. 느긋하게 회심의 미소를 머금었다.

아내는 내 질문에 그렇다고 하기엔 억울하고(?), 아니라고 하기엔 조팝나무꽃의 하얀 흐드러짐이 너무 좋고 그랬으리라.

뒷좌석에 앉았던 어머니도 나의 한판 승부수에 한참 웃었다. 어머니는 어쩌다 한번 웃을까 말까 웃음이 적은 걸 감안하면 확실한 기권승이었다.

조팝나무꽃은 피었을 때의 화려함과는 달리 꽃이 질 때는 많이 추레하다. 언제 환하게 어둔 길의 등불처럼 된 일이 있었냐는 듯이 그렇게 진다.

그 꽃길이 주는 메시지는 무엇인가. 피는 꽃의 화려함도 좋지만, 지는 꽃의 추레함을 알고 마무리 길로 접어든 인생을 잘 가꾸라는 뜻일까.

138
장사 비법

세상에 장사처럼 쉽고, 또 장사만큼 어려운 일이 또 있을까.

며칠 전에 있었던 일이 오래 여운을 남긴다. 원고의 초고를 고집스럽게 원고지에 쓴다. 아내에게 백화점의 문방구에서 원고지를 사오도록 부탁했다. 물론 아무데서나 사다가 쓸 수 있다. 그렇지만 이왕이면 아내의 동료가 하는 장사에 조금이라도 보태려는 마음에서 그리 한다.

그 날 퇴근 때 아내는 원고지를 사오지 못했다.

"원고지 떨어졌저게. 오널 호루만 연습장에 썸시랭 허라. 내일은 들어올 거여."(원고지가 떨어졌네. 오늘 하루만 연습장에 쓰고 있으시라 그래라. 내일은 들어온다.) 하더란다. 워낙 유머에 능한 아주머니인 줄 알고 있었지만, '연습장에' 쓰고 있으라는 말에는 웃음이 터져 나오지 않을 수 없었다. 그 날은 연습장에 쓰기보다는 글 쓰기를 아예 쉬었다.

그 원을 어찌 물리칠 수 있을 것인가. 하루만 연습장에 쓰고 있으면 물건을 구해 놓겠다는 간청을 말이다.

평소 200자 원고지 50매 묶음을 한 번에 열 권 정도를 구입해 놓고 쓴다. 대략 만 원 돈이다. 마진을 따진다면 기천 원에 불과할 터이다. 그까짓 푼돈을 벌려고 정성을 다한다고 생각하면 얼마나 오산인가.

아내도 장사를 하는 입장이지만, 장사 비법은 바로 그런 것이리라. 문방구의 성격상 어떤 손님도 한번에 수만 원어치씩 구매할 거리가 없을 것은 당연하다. 작은 것에 충실하지 않고 큰 것만 바란다면 소규모의 소매업에는 맞지 않는 일이다.

소매업에는 뭐니뭐니해도 단골손님이 많아야 날로 번창하는 지름길이다. 한번의 고객을 영원한 단골로 만들 수 있으면 그보다 좋은 일이 어디 있으랴.

우선 연습장에 쓰고 있으라고 해놓고, 꼭 원고지를 팔겠다는 그 열성이 좋다.

5천 매 가까이 원고지를 사용한 나는 꼭 그 문방구에서만 원고지를 구입하고 있다.

139
유리왓 교주

'유리왓'은 동네 언덕의 이름이고, 인터넷 카페에서 사용하는 내 닉네임이다.

어렸을 때는 아버지만 되면 막강한 실권이 생기고, 안 되는 게 없는 줄 알았다. 그러나 막상 아버지가 되고 보니 어디 그런가.

어느 날 주례선생님이 "교주는 하나뿐인 신도를 믿습니까?" 했을 때, 누가 촌사람 아니랄까 봐 "넷!" 우렁차게 대답했다. 이어서 "신도는 교주를 기쁠 때나 슬플 때나 언제든지 믿고 따를 것을 약속합니까?" 하고 물었다. "네." 옆에 선 교주나 겨우 알아들을 정도로 대답했다. 그러자 이제 만천하에 교주와 신도의 관계를 영원히 인정한다는 선언이 있었다. 그로부터 기쁜

일, 슬픈 일에 부대끼면서 어언 23년이 경과된 오늘에 이르렀다.

오늘은 백화점에서 장사를 하는 아내가 2주 만에 쉬는 정기 휴일이다. 솔직히 하루를 편히 쉬게 하려면 부담이 된다. 교주가 신도의 기분을 잘 헤아림은 수능에서 고득점을 하는 것보다 몇 배 힘들다. 누구 듣는 사람이 없어도 옳거니, 하는 것만 같다.

"오늘은 내 너를 쉬게 하리라. 유리왓경전 23장 1절 말씀."

"하이고, 또 나온다." 하면서도 아내는 좋아했다.

"하나님, 부처님 어쩌고 해도 당신에게 유리왓교 교주보다 나은 사람이 있으면 나와 보라 그래."

"없지요."

"거 봐, 거 봐."

여기까지 컴퓨터 작업을 했을 때 유리왓교 유일신도가 와서 슬쩍 보고는 뺨을 살짝 두 대 갈기고 갔다. 허 참, 누가 교주이고 누가 신도인지 모르겠다.

요즘은 옛날과 달라서 신도가 교주를 교육시키려 할 때도 많다.

"아이고, 나도 이제 교주 사표를 내고 싶은데, 누구한테 내야 할지 모르겠네."

"나한테 내면 되잖아요."

"허 참, 교주가 신도한테 사표 내는 법이 어디 있어?"

"하하하."

5월 하늘이 푸르렀다.

140
번복

강의가 없는 대학생 딸과 둘이서 오전 내내 집에 있었다. 나는 점심 먹고 농장에 갈 시간이 되었다.

"아빠, 점심 차릴까요?"

"아니다. 아빠대로 알아서 먹을 테니 걱정 말아라. 그런데 너는…?"

"친구하고 좀 늦게 밖에서 먹을 거예요."

"알았다."

잠시 후에 번쩍 생각이 달라졌다. 아니지, 딸을 생각하는 건 좋지만, 자꾸 알아서 먹겠다고 몇 번 되풀이되면 아빠가 집에 있어도 끼니 챙기는 일엔 무관심한 딸이 되겠지.

"재은아, 이리 와 봐라. 아빠 안성탕면 하나만 끓여다오." 딸은 라면을 끓여놓고 나를 불렀다.

"잘 끓여졌는지 맛보세요."

"음, 아빠는 눈으로만 봐도 다 안다. 맛있겠다."

밥 먹기 싫은 때엔 손수 국수조리사가 되어 대신해 왔다. 라면을 먹어본 지가 꽤 오래됐다.

라면 맛이 유난히 좋았다. 밥과 잘 익은 김치를 말아서, 소주까지 두 잔 곁들이니 그만이었다.

언제부터인가 무슨 결정을 번복해야 할 때 번복하는 것을 그다지 어렵게 생각하지 않는다. 체면이나 부끄러움, 남아일언중천금 따위의 고루한 습성에 젖어 번복을 무슨 크게 잘못된 일처럼 매도하는 사람들이 있다. 번복이 결과적으로 더 나은 결정을 위한 아픔의 감수였다면 서로 이득이 아닌가.

단 순수한 번복이 아닌 속셈이 깔려 있는 번복은 사회생활에서 환멸을 준다. 번복이 있기 전에 결정을 더 잘할 수 있으면 좋은 것이다.

인간은 완전할 수 없다는 전제에서 때로는 번복도 약속만큼 중요하지 않을까 생각해 본다.

141
실시

제주시에 친목회원 한 사람의 자녀 결혼식이 있어서 다녀왔다. 12시 반부터 18시 50분까지 대략 여섯 시간이다. 세상 사는 일이 이래서 만만치 않음은 물론 예전에도 알았다.

서귀포에 도착해서 세 사람이 한잔 더하고 가자는 데 의견이 모아지고, 소주 세 병을 주거니 받거니 했다.

친구들을 보낸 다음에 이왕 운전도 틀렸으니 한잔 더할 요량으로, 휴대폰으로 새로운 동지를 규합했으나 실패했다. 이미 술 마신 것 같은데 또 무슨 술이냐는 속내를 감으로 알았다.

천천히 10여 분을 걸어서 아내가 일하는 백화점에 들렀다. 오랜만의 방문이라 점주인 아주머니들이 환영했다. 좀전에 마신 커피를 또 얻어 마시고 백화점 앞의 정류장에서 버스를 기다렸다.

담배를 피워 물었는데, 반갑게 말을 걸어오는 아주머니가 있었다. 같은 교회의 권사였다. 잠시 있으니 또 다른 권사가 아들이 운전하는 차에 앉아서 집까지 데려다 주겠다는 것이 아닌가.

잘한 것도 없는 나는 담배 피우고 술 마시면서 가는 인생, 좀 봐 주소서.

군대도 이럴 때는 그럽다.

'유리왓!(닉네임) 술 취했으니 지금부터 발 닦고 잔다, 실시!

'넷, 실시!

142
어떤 건배

아내의 출근길에 외돌개휴게소에 들러서, 자판기 커피 한 잔을 마시는 것이 일과가 됐다.

요즘은 휴게소의 시원한 나무 그늘 아래서 바다도 보고, 솔솔 바람도 맞으니 가히 환상적이다.

"여보!"

"왜?"

아내는 커피가 든 종이컵을 내밀었다.

"어어, 커피 잔 땡 하자는 사람 처음 보네." 하고 받으면서도 기분은 괜찮았다.

"요즘은 주차 때문에 신경이 많이 쓰여."

월, 화요일이면 어머니의 침술치료를 위해 한의원에 가는데 한의원 규모가 두 배로 확장하면서 교통의 요지로 이전했다. 그런데 주차장이 없는 빌딩으로 이전하는 통에 무료주차장을 찾는 일의 곤혹스러움을 말함이다. 그래서 커피를 마시고 가다 보면 아홉 시를 좀 넘긴 러시아워가 된다.

"그럼 월, 화요일은 커피타임 빼지요. 뭐."

"그건 안 돼. 그럼 매일 만나는 휴게소 아줌마가 우리보고 월요일, 화요일만 되면 다툰다고 할 거 아냐. 그런 오해는 싫다고."

"하하하."

오월의 아침이 싱그러웠다.

143
기회비용

좀전에 잘 웃고 죽이 맞는 여류시인과 휴대폰 통화가 길었다. 57분 24초였다.

끊으면 자기가 걸겠다는 것을 우겼다.

휴대폰 통화요금도 못 버는 남자와 장시간 통화하면 기회비용이 너무 크다는 말에 그녀는 또 웃었다.

144
위기일발

며칠 전 농장에서 퇴근할 때였다. 별채로 마련된 목욕탕에서 씻고 나올 때다. 목욕을 다하고 나서야 갈아입을 내의만 챙기고, 겉옷(운동복)은 깜박했음을 알았다. 들어설 때는 작업복만 벗으면 그만이니까 아무런 문제가 없었다.

할 수 없지 뭐, 우리 집이니까 아내에게만 독점공개하기로 맹세한 귀중품만 내보이지 않으면 될 것이 아닌가.

팬티와 러닝셔츠만 걸친 채 집 모서리를 돌아서려는데 이크, 했다.

하교한 대학생 아들과 여자 친구가 현관문을 열려는 찰나가 아닌가. 눈이 마주치지 않았으니 못 본 것이 틀림없다. 사주경계를 철저히 하지 않았으면 난처할 뻔한 위기일발이었다.

군대에 가지 않으려고 국적도 포기하는 세상이지만, 이건 분명히 군대를 갔다 온 덕분임을 의심할 여지가 있겠는가.

145
불발

때로 사람의 마음이란 청개구리 심보가 된다. 주간 일기예보에서는 끈질기게 비 날씨가 예보됐지만, 좋은 초여름의 날씨였다.

일요일이어서인지 초등학교 총동문회 체육대회, 대학의 과 총동문회 체육대회, 모 생존 여류 시인의 시비 제막식 등 여러 가지 일이 겹쳤다.

대학의 과 총동문회 체육대회는 1회 졸업생인 관계로 해마다 연락이 오는데도 참석을 못했었다. 그래서 올해는 꼭 참석하리라 마음먹었지만, 일이 겹치는 것을 어이하랴.

우선 초등학교 동문의 체육대회에 참가키로 결정했다. 기별 회장이 불참했다간 욕을 바가지로 얻어먹거나 왕따를 당하기 십상이었다.

30회를 맞는 행사인데도 동문들과 술도 마시고 회포를 풀면서 동참해 본 것은 이번이 처음이었다. 후배인 팀장이 마련한 음식을 거저 먹기가 미안해서 수고한다고 얼마의 격려금을 전달했다. 돈이 뭔지 금세 예우가 달라졌다. 처음엔 소가 닭 보듯이 관심이 없어 하는 것을 왜 눈치로 모르겠는가. 윷놀이, 족구에 선수로 참가해 달라고 팀장이 부탁을 했으나 모두 사양했다. 지금까지 모든 운동에서도 노래의 음치에 버금가는 실력이어서 선수가 되어 본 일이 없기 때문이다. 대학 때 먹기내기과 대항 축구시합에서 자책골을 몇 번 넣어서 상대팀을 기쁘게 한 공훈밖에는 없다.

이왕 체육대회에 참가했으니 볼을 한번 차보고 싶었다. 팀장에게 "나 축구에 좀 끼워줄 수 없나?" 했더니, "축구에는 선배님 기는 해당이 안 되는데요."란 답이 돌아왔다.

노리물, 학수바위, 통물, 원통, 가린여, 고근산의 6개 팀으로 나눠졌고, 한 팀에 6~7개 기수가 포함됐다. 팀의 이름은 고향과 함께 떠올려지는 이곳의 지명이다. 어쨌든 팀장의 결정에 쓸데없이 토를 달 필요는 없다.

실은 옛날의 일도 생각나고 이번 대회에서 자책 골 두어 개만 선사하면 체육대회 역사에 길이 빛나고, 4천여 동문에게 화제가 될 것 같아서 잔뜩 기대했지만 결국 불발이었다.

불발이 다행스럽기는커녕 아쉬움이 남으니, 어찌 청개구리 심보가 아닐까.

146
웰빙

인간은 무엇이든 할 수 있는 막강한 존재일까. 불어오는 바람, 흐르는 구름 한 점을 어쩌지 못하면서도 그렇다.

건강하게 잘먹고 잘사는 웰빙이 한동안 화두가 되었다. 그렇게 할 수만 있다면 더 바랄 게 없지만, 난제다.

인간은 원래부터 에덴동산에서 유혹을 이겨내지 못했다. 그 유혹은 지금도 건강의 적이다. 술 · 담배 등 건강에 해로운 것은 늘 유혹의 덫을 쳐놓고 있다. 먹을거리도 누구나 좋아하는 기호식품은 질병을 몰고 오는 빌미가 되기 쉽다.

2050년이 되면 우리나라 전체 인구에서 65세 이상 노인의 비율이 세계최고 수준이 되리란 전망이다. 더욱이 황우석 교수가 난치병 환자의 배아줄기세포 배양에 성공한 것은 산업혁명에 버금가는 개가라고 하는 현실이다.

반드시 오래 사는 것이 축복 받은 일이 아니라는 것은 이제 진부한 얘기가 됐다. 얼마나 오래 사느냐가 문제가 아니라, 사는 날까지 얼마나 건강하게 삶의 질을 높이느냐가 문제다.

최근 우리 사회에서 젊은 층의 생각이 많이 달라지고 있다.

'담배를 끊고 적당한 영양섭취와 운동을 하는 것은 오래 살기 위한 것이 아니라, 사는 날까지 건강하고 편하게 살기 위한 것' 이라는 생각이 신선하다.

오래 사는 것이 괴로움 그 자체라면 백수를 누린들 무슨 의미가 있겠는가.

이제 저무는 나이가 됐으니, 오래 살기보다 편하게 잘사는 궁리를 계속할 때다.

147. 솥뚜껑

여름이 가까워질수록 하우스의 농사일은 힘들어진다. 주로 새벽부터 오전까지 일을 하고 쉰다. 쉴 때는 소주 한 잔을 자작하는 것도 괜찮다.

며칠 전엔 점심을 먹으면서 소주 한 병을 마셨다. 좀 지나쳤나? 별다른 계획이 없는 오후이긴 했지만, 어쨌든 밤이 되기 전까지는 꼼짝할 수 없는 상태였다.

저녁 무렵이 되었을 때 차를 운행할 일이 생겼다. 다섯 시간 정도 경과됐으니 괜찮겠거니 했다.

가까이 지내는 여류문인에게 문학잡지를 건네려고 그녀가 일하는 가게에 도착했다.

"우, 술 냄새?"

"뭐, 술 냄새가 나냐? 그럼 나는 어떻게 다시 집에 가? 걱정이네."

"한 시간만 여기 있다 가세요."

한 시간 후에야 거기에서 출발했다.

평소 음주운전을 하지도 않지만, 과음이 아닐 때는 네댓 시간이면 술 마셨던 흔적도 없어진다.

다음날, 시험기간이라 집에서 공부하던 대학생 딸이 내 서재에서 뭘 찾았다.

"뭘 찾아?"

"술."

"뭐? 술 냄새가 난다고?"

"아니, 풀!"

실은 요즘 농사일로 많이 지쳐서 잠 좀 자자고 소주 석 잔을 마신 상태였다. 아빠의 반응이 이상타고 생각할 딸에게 실토했음은 물론이다.

자라 보고 놀란 가슴 솥뚜껑 보고 놀란다고 하더니, 꼭 그 꼴이었다. 물론 아직껏 자라를 보고 놀라본 적도, 실제로 자라를 본 적도 없다. 그러니 삼겹살 구워먹는 시커먼 솥뚜껑이야 많이 보았다 하더라도 그것이 솥뚜껑과 무슨 공통점이 있어서 그 속담이 생겨났는지도 모른다.

사족을 달자면 나는 술은 많이 좋아하는 편이고, 음주운전이나 주사는 전혀 없음을 고백한다. 그러나 워낙 애주가이다 보니 '믿어 주세요.' 해봤자 믿지 못할 사람이 많을 터이다.

솥뚜껑 보고 놀랄 것이 아니라 그런 일을 만들지 않음이 상책이다. 하늘은 언제나 푸르듯이.

38

148
어떤 어필

목적이 나쁠 때만 사기일까.

요즘은 신문을 보다가 꼭 사기당하는 느낌을 받을 때가 있다. 인터넷이나 텔레비전에서 독자를 모두 빼앗기지 않으려면 뭔가 이전과 달라져야 할 법은 하다.

신문기사의 제목이 갈수록 강렬하게 어필한다. 내용을 읽지 않고 대충 지나치는 독자를 붙들기 위함이다.

처음에는 깜박 속는다.

며칠 전이었다. 모 중앙지를 제목 위주로 건성건성 봐 넘기고 있었다. 별난 제목이 눈에 띄었다. '보고 싶다 나도…' 라는 제목에 무슨 사연일까 관심이 갔다. 하지만 이내 속은 것을 알았다. 변비에 관한 기사였다. 허위기사도 아니고, 변비환자의 말을 빌려 따옴표 처리를 하고 제목으로 한 것인데 어쩐지….

오늘은 또 다른 신문을 보는데, 제목이 "오…竹이네" 였다. 부제로 "담양에 가서 대숲과 강변을 걸어보면 안다. 왜 이곳이 '전국서 가장 아름다운 길' 인지를…." 이라고 했기에 착오를 일으킬 염려는 없었다. 하지만 '竹이네' 가 '죽이네' 를 겨냥하고 어필한 것임을 모르는 독자도 있을까. 정상적인 언어사용이 파괴되는 경우가 일상적이 되어간다.

엊그제 동창 모임에서 어느 친구가 그랬다. "도라산 1등을 아느냐?" 고. 처음엔 무슨 소리를 하는 거냐고 했다가 이내 감을 잡았다. '도라산' 은 '돌아선' 의 제주 지역어 발음이다. 돌아선 1등은 결국 꼴찌가 아닌가.

우스갯소리로야 무슨 말인들 못하랴만, 오래 이어져 온 언어생활의 파괴는 막아야 한다는 생각이다.

149 몸뻬

여름의 초입인데도 날씨가 많이 덥다.

농장의 하우스 제초작업은 늘 고역이다. 하우스에선 제초제가 잘 분해되지 않아 나무에 피해가 가기 때문에 사람의 힘을 빌려야 한다. 노지와 달리 힘들어도 호미로 김을 매는 수밖에 없다.

낮의 하우스 온도는 30도가 기본이다. 더위로 일할 엄두를 못 내다가 오후 세 시가 돼서야 어머니와 같이 농장에 갔다.

사실 쪼그려 앉아서 하는 제초작업(김매기)만은 남자가 하기가 뭣하다는 사람이 많다. 뭐 가운데 달린 추가 무겁고 거추장스러워서라나. 힘든 김매기를 피하려는 우스개에 불과하지만, 예부터 이 지역에선 김매기는 대부분 여자 몫이었다.

문득 여자들이 일할 때 입는 몸빼를 입으면 편하겠다는 생각이 들었다. 궁하면 통한다고 했던가.

농장의 창고에 아내의 몸빼가 있어서 주워 입었다. 54년 만에 처음 입어보는 몸빼인지라 착복식을 할 만도 했지만 웃어줄 관객이 없어서 생략했다.

그런데 몸빼의 의외의 편함에 놀랐다. 우선 가운데 추가 편안하기 그지없었다. 그냥 작업복 바지를 입고 일할 때는 호박만큼 튀어나온 배 위에 걸친 바지가 흘러내려서 귀찮았다. 몸빼는 고무줄바지여서 자동수습이 돼 바지를 추스를 필요가 없었다. 바지의 품이 넉넉하니 쪼그려 앉아도 편하게 호미를 놀릴 수 있었다. 작업량도 늘고 훨씬 피로가 덜 느껴졌다.

집에 와서 '몸빼' 란 말이 사전에 실려 있는지 찾아 봤으나 없었다. 제주지역어인가 싶어 제주어사전을 펼쳐봐도 마찬가지였다.

인터넷에서 사투리 등을 담은 오픈사전을 열었더니 당당히 몸빼가 있었다. "위에는 고무줄로 되고, 꽃무늬 등 촌스런 천으로, 발목에도 고무줄로 마감한 품이 넓고 활동하기 편한 아주머니들의 긴 바지" 라고 설명되어 있었다.

해야 할 일은 많고 머리 속이 복잡하더라도, 가끔은 몸빼의 넉넉함으로 대처할 일이 아닌가.

150
어떤 기쁨

이제 건강관리에 무심한 사람만큼 무식한 사람은 없다. 쉬울 듯하면서도 쉽지 않은 것이 또한 건강관리다.

며칠 전, 더운 한낮에 농약살포 작업을 끝내고 목욕을 할 때였다. 무심코 선 채로 아래를 내려다보았는데, 거시기의 끝이 보이는 것이 아닌가. 날씬한 사람들은 도대체 무슨 소리를 하는가 할 테지만, 개구리 배가 운동으로 얼마간 들어갔음을 확인하는 순간 기쁨이 함께했다. 생각 같아선 "엄마, 나 챔피언 먹었어."라며 감격을 전했던 권투선수 아무개처럼 외치고 싶을 지경이었다.

체중이 80을 넘어서면서 불편한 점이 하나 둘이 아니었다. 스스로 비상사태를 선포하고 수습에 나선 지 2년쯤 되었다. 그

동안 나는 내 것을 볼 수 없는 비참함에 개구리 배가 원망스러웠다. 남들은 두어 달 만에 운동으로 몇 킬로씩 체중을 뺐다고 했지만, 나에게는 진짜 남의 얘기일 뿐이었다. 워낙 좋은 식성 탓인지, 항상 식사를 모자란 듯하게 하고, 운동도 계속했지만 별 감량이 되지 않았다. 이제야 겨우 77킬로를 유지하는 상태니 아직도 갈 길이 멀다.

비만인가 아닌가를 측정하는 손쉬운 방법이 있다. 남자는 바로 서서 자기 것이 보이지 않으면 대부분 비만상태다. 어느 날 나도 그것이 보이지 않았을 때 충격이었다. 좀 과장하면 세계3차대전이 일어났다는 가상충격보다 더했음을 숨길 수가 없다.

2년 가까이 산행을 하고, 속보운동을 계속한 결과 지금의 체중을 유지할 수 있게 된 것은 다행이다. 건강에 좋다는 것은 대체로 사람의 의지와는 정반대이니 난감할 때가 많다. 원래 게으르기 좋아하는 인간의 습성으로 운동도 한두 번 거르기 시작하면 원상태로 돌리기가 좀처럼 힘들다.

아내는 변비에 시달리다가 운동으로 변비가 호전된 상태여서, 매일같이 운동한다. 혼자 운동에 나서는 것보다 나음은 물론이다. 자연 대화가 많아져서 다툴 일이 별로 없다. 운동을 하면서 덤으로 얻은 이득이다.

기쁨도 가꾸지 않으면 순간에 지나지 않는 것, 더 큰 기쁨을 바라보며 게으름이 깃들지 않게 하리라.

151
남편자성헌장

며칠 전에 글 쓰는 문우 셋이서 술을 마셨다. 남자 둘, 여자 하나, 모두 유머의 달인이어서 술맛이 좋았다.

아무개는 마누라 앞에만 가면 눈 빠지도록 마누라의 눈치를 살피기에 바빴다. 어느 날은 초장부터 그 유명한 국민교육헌장을 읊었다고 한다. 작전은 완전히 성공적이어서 그 날 하루는 코가 비뚤어지도록 먹은 술에 대한 빚을 탕감받았다고 했다. 그것은 '남편자성헌장' 이었다.

나는 마누라를 위하는 역사적 사명을 띠고 이 땅에 태어났다.

마누라의 매서운 눈초리를 오늘에 되살려, 안으로는 돈 버는 자세를 확립하고 밖으로는 가문의 영광에 이바지할 때다. 이에 남편이 나아갈 바를 밝혀 마누라에 대응하는 지표로 삼는다.

성실한 마음과 튼튼한 몸으로 사회와 금전을 배우고 읽히며, 타고난 힘을 바탕으로 변강쇠의 힘과 기술의 정신을 기른다. 모든 일에 마누라를 앞세우며 금전과 실질을 숭상하고 눈치와 신의에 뿌리박은 상부상조의 전통을 이어받아 마누라를 위하는 일에 헌신을 다한다.

마누라 사랑정신에 투철한 자중자애가 나의 삶의 길이며, 우리 가문의 영광을 실현하는 기반이다.

길이 후손에 물려줄 영광된 가문의 앞날을 내다보며, 나의 슬기를 모아 줄기찬 노력으로 마누라를 받들어 모시는 새 역사를 창조하자.

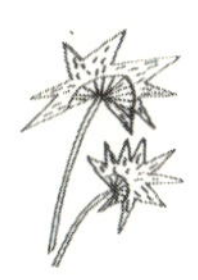

152
나무는 곧게 자란다

일년 가까이 야간에 5km 속보 운동을 해왔다.
지금은 새벽에 마을 뒷산인 고근산에 오른다.
비탈에 선 나무들도 45도로 누워서 자라지 않는다.
하늘을 우러러 곧게 자라고 있었다.

153
남의 떡

아내와 운동방법을 속보에서 산행으로 바꿨다.

경험으로 운동은 3일만 거르면 게으른 인간본성으로 되돌아온다. 다시 시작하기가 그만큼 싫어진다. 경계해야 될 부분이어서 비 오는 날이라든가 일요일을 제외하곤 거르지 않으려고 노력한다.

아침에 마을 뒷산 산행을 못하면 기존대로 밤에 속보운동을 하기로 했다. 여기에는 부득이 나의 또 다른 속셈이 있다.

집에서 2km 거리에 월드컵 경기장이 있다. 그 초입에선 토요일과 일요일을 제외하고 매일 경쾌한 음악과 함께 에어로빅운동을 한다. 시에서 주관하는 무료강습임을 알고 있지만, 거기엔 관심이 없다.

50명 내외의 아가씨와 미시들의 화려한 율동은 아름답다. 경기장 입구의 200여 평 공간에서 진행되므로 길 가는 사람도 무료관람이 가능하다.

아내에게 우리도 오늘은 속보를 쉬고 에어로빅이나 하자고 해보지만, 어림 반푼어치도 없는 소리다. 걸어가면서도 고개는 자꾸 아가씨들이 율동을 하는 쪽으로 돌아가는 것을 어찌하랴. "뭘 봐요?" 아내가 옆구리를 찌르는 통에, 본래의 목적인 속보로 지나가는 수밖에 없다.

문득 겉보기엔 아름답게만 보이는 여자들의 율동도 재미로 하고 있지는 않을 것이라는 생각을 해봤다.

남자들이 비만과 개구리 배에 따르는 건강악화를 이겨내고자 운동하듯이, 여자들 또한 마찬가지가 아닐까. 굵어지는 허리와 처지는 아랫배, 그리고 날씬함과는 거리가 멀어지는 것을 막고자 땀을 흘릴 것이다. 없는 시간을 짜내면서 근본적으로 싫은 운동을 즐거이 생각하면서 생활화할 것이다.

투자한 노력 없이는 저절로 건강이 지켜지지 않는 불변의 진리를 의심할 사람은 없다. 아름다운 춤을 추면서 건강도 지키려는 것을 괜히 '남의 떡' 만 크고 좋게 생각했음이다.

산행으로 바꾼 지 며칠돼서 아내가 오늘은 속보를 하자고 했을 때, 이게 웬 떡이랴 싶었다. 그렇지만 에어로빅의 경쾌한 음악도 춤추는 아가씨와 미시들도 구경조차 못했다.

그 날은 일요일이었다.

154
휴식

"가다가 힘들면 쉬어 가더라도"와 같이 가보자고 노래는 그렇게 유혹한다.

몸도 마음도 지치고 장마철이라 뭘 할 수도 없을 때, 멋대로 휴식을 취해 보고자 했다. 요즘 열흘 동안 생각나면 소주나 마시면서 편히 보냈다.

정말로 아무 것도 한 일이 없이 열흘을 보냈다면 누가 믿어줄까. 십분을 아껴 쓰기로 생활해 왔지만, 그 끈을 놓아버리니 참 편했다.

한두 건의 경조사 일을 챙기는 부득이한 사정을 빼고는, 먹고 자고 신문 보고 마음 내키는 대로였다.

마른 장마로 끝나려나 했는데 되돌아온 듯싶은 본격 장마날씨가 며칠째다. 장마철이라 걱정은 되면서도 농사일은 할 수가 없다. 날이 개면 할 일이 밀려 있지만, 걱정한다고 일이 해결되는 것도 아니어서 이럴 때 쉬어보는 것이다.

별반 가진 것도 없는 사람이 행복의 의미를 안다고 하면 거짓말이라 하겠지만, 마음을 비우고 쉬는 동안은 아무도 부럽지 않았다. 불편한 넥타이를 여름에도 졸라매고 잘난 체하는 사람들의 그 옹졸한 만족을 우습게 생각할 정도였다.

글 쓰기를 시작한 후 이번처럼 넉넉하게 쉬어 본 일도 없었다. 어제는 수필 한 편을 마무리하고 보니 일주일이 걸렸다. 글다운 글을 쓴 것도 아니고, 그냥 원고지에 시작만 해둔 채로 내버렸던 것이었다. 5백 편 가까운 수필을 쓰는 동안 많이 힘들었기 때문이다.

갈수록 쉬운 길이면 문제가 없겠지만, 오히려 처음보다 더 난감할 때가 많다. 지치면 쉬었다 가더라도 끝까지 가 볼 일이다. 끝이 어디인 줄 알지 못하지만, 천천히 욕심 없이 정진할 일이다. 막말로 알아주는 사람이 한 사람도 없으면 어찌하랴. 현재 수필가가 2천 명이라는데, 그 맨 끝에 선들 어떠랴.

지금도 장맛비가 추적추적 쉬지 않고 내린다.

155
어떤 추정

가끔 인터넷 유머를 읽는다.

젊은이들처럼 외웠다가 필요시에 우스갯소리로 써먹기 위함이 아니다. 유머감각은 무슨 공부하듯이 해서는 얻어지지 않는다. 평소에 유머를 많이 읽고, 생활 속에서 변형하여 조금씩 표현하다 보면 유머감각도 풍부해지지 않을까.

유머를 듣기 좋아하고, 따라 웃기도 좋아하면서 대부분은 유머와는 무관한 척 점잖다. 동창모임이나 동호회 같은 데서도 우스갯소리를 잘하는 사람은 정해져 있다.

유머의 생활화는 지친 일상에 큰 활력소가 될 듯싶은데, 현실과는 거리가 멀다. 어디에서도 유머를 가르치거나 권장하지는 않지만, 유머감각이 뛰어난 사람은 좋아하니 희한한 일이다.

얼마 전에 읽었던 인터넷 유머 중에 〈시원찮으면〉이라는 제목의 유머가 있었다.

어느 만원 버스. 막 버스에 올라탄 할머니가 몹시 힘든 표정으로 자리를 찾는다. 할머니 바로 옆 두 자리 중에 통로 쪽에 앉아 있던 한 학생이 "할머니, 여기 앉으세요." 하며 자리를 양보하자 그 할머니,

"에구, 고마워 젊은이. 근데 대학생인가?" "예."

"어디 다니지?" "예, 서울대요."

"좋은데 다니네. 국립대라지?" "(머쓱하며) 예"

"심성도 착하고 머리도 좋아서 공부도 잘했구먼. 생긴 것도 남자답고."

이어 할머니는 창가 쪽에 앉아 책을 보는 대학생처럼 보이는 젊은이에게 물었다.

"학생은 어느 대학 다니나?"

"예? 저, 저요? 한국과학기술원이요."

그러자 할머니는, "그려, 공부를 못하면 얼른 기술이라도 배워야지." 하고 추정했다.

추정이 무엇인가. 미루어 헤아려서 판정하는 것이다. 수없

이 새로운 것 중에서 잘 모르면 기존의 지식으로 추정하는 것은 누구에게나 있는 일이다. 그러니 할머니의 추정은 적절할지도 모른다.

할머니의 잘못된 추정을 바르게 하는 일이 가능할까. 아니, 불필요한 일일지도 모른다.

156
장마와 운동

장마라 운동을 제대로 하기가 힘들다.

운동을 며칠 거르면 다시 시작하기 싫어지는 고질병에 조심해야 한다.

아침에 일어나 보니 비 날씨였다. 평소보다 한 시간 늦은 시간인데 비가 그쳤다. 비 날씨라고 안심하고 꿈나라를 헤매는 아내를 깨웠다. 잠이 많은 편이라 내처 자겠다고 할 줄 알았는데, 부스스 일어났다. 애먹던 변비 문제를 운동으로 해결하고선 이젠 운동전도사가 된 아내다.

요즘은 외돌개산책로를 주로 택한다. 비 날씨로 아침 산행이 맞지 않아서다. 속보로 사오십 분 걸리는 4개 코스를 개발해 놓으니 편하다. 기분에 따라 코스를 바꾼다.

아무리 바꾸고 싶어도 못 바꾸는 당신만 빼고 다 바꿔보는 것이 생활의 활력이라고, 은근슬쩍 약을 올리는 내 속셈을 모를 리 없는 아내지만 어떠랴.

장마라 운동하는 사람들이 별로 없다. 우리만 모범생인 듯하다. 운동을 끝낼 무렵에 빗방울이 듣기 시작하더니 이내 큰비가 되었다. 비가 내리면 비 맞을 각오로 나섰지만, 운동을 끝냈을 때 비가 오니 그것도 괜찮은 기분이었다. 재수 좋은 날이라 생각했다.

얼마 전, 제주시의 모 종합병원 장례식장에 문상을 갔다가 서울대 입시보다 힘든 주차에 쉽게 성공한 일이 있다. 아내에게 로또 복권을 한 장 사두라고 했다. 돼지꿈에 기대는 사람이 많듯이 재수 좋은 날에 그냥 한번 사 본 것이다. 물론 헛일이었지만, 로또 대열에 또 한 사람이 합세하는 재미를 잠시 누렸다.

운동이 꼭 좋아서 하는 사람은 많지 않을 것이다. 규칙적으로 운동을 하다 보니 건강관리상 좋은 것처럼 착각될 뿐이 아닌지 모르겠다.

요즘처럼 후텁지근한 날씨에도 운동으로 땀을 흘리고 집에 오면 꼭 숙제를 마친 어린아이의 기분이 된다.

젖은 속옷을 벗고 샤워를 하다 보면, 시원함과 함께 돈 없이도 맛보는 보람을 느끼곤 한다.

장마라든가 합당한 핑계를 주워가며 운동을 거를 궁리를 피해야 하리라.

157
어떤 피서

덥다.

마루에 달아둔 온도계가 종일 30도 주위에서 맴돈다. 밤 열 시가 돼서야 1도쯤 빠질 지경의 열대야는 잠을 설치게 한다.

무더위에 농사일은 쉬어도 되지만, 집에 있는 것 자체가 고역이다. 글이라도 썼으면 좋겠지만 덥다는 소리를 연발하는 상황에선 그것도 안됨을 알았다. 잠자는 것도 안 되는데 무엇인들 되랴만.

문득 '냉탕개업식'을 하자는 데 생각이 미쳤다. 작년에도 더위가 기승을 부릴 무렵 설치해서 좀 덕을 봤다.

냉탕이라고 해봐야 합성수지로 만든 통 하나를 말함이다. 길이 90cm, 폭 60cm, 높이 30cm 통이다. 아이들이 두어 살 때 목욕통으로 썼던 것이니 20여 년 보관된 셈이다. 보관이라기보다는 마땅히 처리할 방법도 없고 혹 쓸데가 있을까 싶어 그냥 헛간에 두었던 것일 뿐이다.

우리 집의 목욕탕은 별채여서 냉탕을 만드는 데도 좋다. 요즘처럼의 더위엔 샤워 백번 하느니 냉탕에 들어가서 명상의 시간 5분이면 거시기까지 시원하다. 냉탕의 길이가 50cm만 길었어도 편할 터이지만, 그건 욕심이다. 다리를 밖으로 내놓아야 하지만, 그야말로 몸통은 시원하기가 이를 데 없다.

방학이라 도서관에서 공부하던 대학생인 아이들이 더워서 일찍 들어왔다.

각자 냉탕을 사용하면서 새 물을 받아쓴다면 물 낭비가 심해진다. 어느 목욕탕이든 써 붙이게 마련인 주의사항을 말로 전했다. '다음 사람을 위하여 반드시 땀을 씻고 들어갈 것', '냉탕 안에서는 이유불문하고 때를 밀지 말고 가만히 있을 것'. '위 사항을 어길 시는 과태료 처분하겠음.'

남이 들으면 웃겠지만 어쩌겠는가. 올해는 100년 만의 무더위가 된다고 해서 에어컨을 구입할까 하다가 포기했다. 비용 문제도 있고, 한 철 더위와 싸우는 것도 살아가는 일이 아닌가.

밖으로 피서 나갈 생각은 아예 접고, 그저 냉탕에서 시원하다는 소리를 몇 번 하다 보면 여름이 가겠지. 그래도 덥긴 덥다.

158
감사할 따름

장마 끝에 우선 급한 농약살포 작업을 성공적으로 끝냈으니 넉넉한 기분이다.

어제는 정말 초미의 긴장 속에 하루를 보냈다. 오늘까지는 비 날씨가 되지 않는다는 기상예보를 믿었다. 더위를 피하느라 이른 새벽부터 설쳐서 시작한 작업이었다.

그런데 여섯 시간에 걸친 농약살포 작업을 마무리할 무렵, 빗방울이 약간씩 듣기 시작했다. 온몸의 힘이 빠져나가면서 맥이 풀렸다.

기상청은 도대체 뭘 하는 곳이냐고 속으로 부아가 치밀었다. 일주일간 예보는커녕 당일 몇 시간 전 예보도 틀리면서 무슨 정확도가 80%란 말인가.

통상 농약은 1,000배~2,000배의 희석률로 살포한다. 빗방울이 나뭇잎에 달릴 정도만 돼도 농약이 마르지 않은 상태에선 수천 배가 돼버릴 것은 뻔하다. 이하 상황은 설명이 불필요하다.

불볕더위 속에서 일한 후 소나기가 쏟아져서 헛수고를 해보지 않은 사람은 잘 이해가 안될 터이다. 가만히 서 있어도 땀이 솟아나는 여름에 중무장을 한 농사꾼을 생각해 볼 일이다. 체중 감량에 나선 권투선수도 아닌데, 비닐 옷인 방제복을 입고 마스크까지 갖추고 일을 해야 하는 고통은 두말해 무엇하겠는가.

여러 해 전이었다. 동생과 함께 네 시간쯤 작업을 해서 일을 끝낼 무렵에 장대비가 10여 분 쏟아졌다. 참으로 허망했다. 옷을 갈아입을 필요도 없이 걸어서 집에 왔다. 없는 형편에 그냥 날려버린 농약대금 기십만 원에 대한 아쉬움은 생각할 겨를도 없었다. 인체의 중심부인 거시기를 타고 물이 흘러내릴 정도였으니, 차라리 시원했다고나 해야 할지. 하지만 같은 작업을 날이 개면 다시 되풀이해야 할 생각에 헛수고의 허망함이 더욱 깊었었다.

아무튼 어제는 빗방울로 간담을 서늘한 기분이게 하다 이내 그쳐 다행이었다. 헛수고가 아니었다는 결과에 감사할 대상도 없으면서 그저 감사했다.

시간과 돈을 번 셈이었으니 어찌 감사할 따름이 아니겠는가.

159
메이드 인 이칠사

무더위로 잠을 설치다 새벽 네 시에 깨었다.

다시 잠을 청하면 5시 30분인 운동시간을 놓칠 것 같았다. 그럴 땐 그냥 서재의 소파에서 선잠을 자는 것이 방법이다.

혼자 안방에서 잠자는 '주민등록상 동거인' 을 깨워 마을 뒤편의 고근산으로 향했다.

오늘따라 시원한 바람이 불고, 일요일이라 사람의 왕래가 적어 걷기에 참 좋았다. 산의 진입로 입구까지 1km를 걷는 동안 조금 숨이 찼지만, 대화가 가능하다.

어제 늦은 오후에 큰동생이 도넛을 사들고 백화점의 아내 가게를 찾았단다. 동생은 매 토요일마다 우리 집에 홀로 사는 어머니에게 드릴 생선을 사기 위해 시장에 들른다. 가까운 곳인 아내 가게에도 가끔씩 들른다.

아내는 주변의 다른 가게 아주머니들을 일곱 사람이나 불러 모아 양이 많은 도넛을 나눠 먹었다. 이를 본 백화점에서 장사하는 아주머니들의 눈이 예사로울 리가 있는가.

아내의 말인즉, "나는 하나도 닮은 데가 없어 보이는데, 당신하고 빼 닮았다고 하대요."

"음, 당연하지." "왜요?"

"같은 회사 제품인데, 다를 리가 있겠어? 메이드 인 이칠사."

이칠사는 서호동 274, 태어난 곳을 말함이다. '메이드 인 이칠사' 의 형제들은 성품이 좋기로 마을에 소문이 나 있다.

이제껏 단 한번도 4형제간에 다투는 일은커녕, 얼굴 붉히며 신경전을 벌인 일도 없으니 그렇다. 살아가는 날들이 하루 이틀도 아니고 그 셀 수 없는 날 동안에 화목만을 바라기는 지난한 일이다. 그럼에도 변함 없이 사이좋게 지낼 수 있음은 큰 행복이리라.

274 출신은 주민등록상 동거인까지 합치면 8명이다. 이혼경력이 전무하고, 직업도 다양하고 전업주부가 없다. 형제는 차례대로 1. 농사꾼, 가게자영 2. 공무원, 관광농원 근무 3. 신문기자, 중등교사 4. 은행원, 간호사로 모두 중견 사회인이다.

메이드 인 이칠사여, 영원하라!

160
인체시계의 오작동

건강이 잘 지켜지는 한 인체시계도 거의 정확하다.

특별한 일이 없으면 밤 열한 시 취침, 새벽 다섯 시 기상은 오래된 생활습관이다. 기상시간이 30분 정도의 증감이 있을 뿐이다.

며칠 전, 아내는 복더위에 손님도 없고 해서 평소보다 한 시간 이른 여덟 시에 퇴근했다. 아내는 퇴근하면 혼자 밥 먹고, 설거지하고, 화장 지우고, 텔레비전을 조금 보면 밤 열한 시, 잠잘 시간이 된다.

요즘 밤에도 실내온도가 30도 전후인 열대야로 잠을 설쳐서 많이 힘들다. 농장 일도 쉬고 글이나 쓰면서 보내는데도 그렇다.

더위먹어서 인체시계가 오작동을 하는가. 아내가 화장을 지우고 텔레비전 앞에 앉자 눈이 스르르 감기고 벌써 열한 시가 됐나 싶었다.

마루의 벽시계를 쳐다봤다. 어? 9시 30분이었다. 아내가 한 시간 일찍 퇴근한 것을 잊고 있었다.

100년 만의 무더위가 없다던 기상청에 대고 예보 좀 정확하게 해달라고 해봐?

161
반사

새벽에 농장의 감귤 하우스에 물을 주고 왔다. 5~6일에 한 번씩 되풀이되는 작업이다.

스프링클러를 이용하기 때문에 힘들 것은 전혀 없다.

물을 주는 한 시간 동안은 자잘한 작업을 한다.

집에서 큰 비닐에 담고 간 생활쓰레기를 폐 드럼통에서 소각하는 일은 기본이다.

창고의 벽에서 약간 떨어져서 폐 드럼통, 6~7미터 건너편에 비닐 하우스가 있다. 이제껏 수십 번 쓰레기를 태웠지만 이번처럼 착각을 일으킨 것은 처음이었다. 종이는 잘 타기도 하지만 조금 눅눅하거나 여러 장으로 겹쳐진 것은 의외로 소각이 힘들다. 소량씩 타는 대로 태우는 것이 제일 좋은 방법이다.

불꽃이 오르게 잘 타는 동안은 멀리서 감시하기만 하면 된다. 불이 타는 폐 드럼통을 등지고 하우스 쪽을 바라보다가 처음엔 깜짝 놀랐다. 하우스 안에서 불꽃이 오르고 있지 않는가. 그런데 이상한 것은 폐 드럼통의 불꽃과 비슷했다.

하우스의 비닐이 매개가 되어 반사反射되고 있는 것이었다.

몇 번을 바라봐도 마찬가지였는데, 물을 주고 있는 상태가 아니었으면 긴급상황으로 착각할 수도 있겠다는 생각이 들었다.

살아가면서 만나는 수많은 사람들에게 나도 반사되듯이 비쳐지고 있겠구나 생각하니 보통 일이 아니다. 무의식 중에 좋지 않은 모습도 남에게 반사되고 있을 것을 생각하니 조금 마음을 가다듬게 된다.

어쨌든 바로 생각하고 바로 행동할 일이다. 그러면 반사가 하나도 겁날 것 없지 않겠는가.

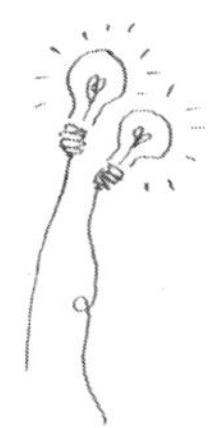

162
덤

오늘 우리는 덤을 모르는 시대에 살고 있다.

모두들 바쁘고, 모두들 정을 느낄 여유가 없고, 모두들 어제 그대로 오늘을 살기에도 숨찬 듯하다.

남자들은 자잘한 것을 살 일이 별로 없다. 그래서 덤이 무슨 말인지 사전을 찾아봐야 될 만큼 세상이 각박해졌다. 덤 자체보다도 덤을 줄 수 있는 마음의 여유에 붙은 정을 그리워함이다.

집안에서 자잘한 못이 필요할 때가 많다. 시내에 나간 김에 못을 좀 사다가 공구통에 두기로 했다.

한 철물점에 갔더니, 시멘트용 못은 박스로밖에 팔지 않는다고 해서 그냥 나왔다. 많은 양이 필요한 것은 아니고 크기별로 약간이면 되어서 평소 한두 번 이용한 적이 있는 70대 노인이 소일거리로 문을 연 작은 철물점으로 갔다.

굵기나 크기별로 조금씩 필요한 만큼 시멘트용 못을 집었다.

"얼마예요?"

"천 원!" 하면서 덤으로 반줌 정도 더 집어 주었다. 크기가 커서 불필요할 듯싶어도 잠자코 있었다.

오랜만에 덤을 잊지 않고 기억하게 해준 고마움에서다.

163
같은 방향 바라보기

피곤한 세상을 살아가는 데 있어서, 같은 방향을 바라본다는 것은 기분 좋은 일이다.

두 사람 이상이 모이면 어떤 생각이나 일에 같은 방향을 바라보기가 의외로 어려울 때가 많다. 사람마다 개성이 다르니까 하고 십분 이해를 하더라도 그렇다.

연일 계속되는 무더위와 열대야로 몸도 마음도 기진맥진이다. 이럴 때 헤쳐 나오는 방법으로, 나는 이발을 한다. 한 달에 한 번 정기적으로 이발소를 찾지만, 경우에 따라선 일찍 찾기도 한다.

어제 오후에도 시간만 축내고 글 한 줄도 못 쓰다가 이발소에 갔다. 고향의 두 마을을 합쳐서 대략 1천 가구인데 이발소는 하나뿐이다. 그래도 서귀포 시내에서 이발을 하는 사람도 많아 크게 밀리지는 않는다. 어제도 기다리지 않고 바로 이발을 할 수 있어서 괜찮았다. 이발사인 초등학교 2년 후배가 40년 동안 내 머리를 만졌으니, 구구한 요구사항 없어도 가만히 있으면 다 해결된다. 머리를 어떻게 해달라느니 일체의 말이 필요 없다. 머리만 아니고 마음까지 다 알고도 남는다.

이발을 끝내고 이발요금을 건넸다. 지난번에 잔돈이 없어서 떨어졌던 천 원을 포함해서다. 내버려두라면서 돌려주려는 천 원을 '머리 좋은 사람은 잊지 않는다.' 면서 받도록 했다. 그는 기분 좋게 받으면서, 고맙다는 인사를 깍듯이 했다. 기분이 썩 좋았다.

감귤농장도 나보다 더 많은 후배인데 그까짓 천 원까지 받느냐는 생각, 역으로 상대는 천 원까지 잊지 않고 챙길 정도로 쩨쩨하냐는 식으로 '마주 보기' 를 하면 결과는 민망스럽다.

사람들은 마주 보기가 사랑인 것처럼 이해하기 쉽지만, 사실 사랑은 같은 방향을 바라봄이 아닐까.

마주 보기는 쉬워도 같은 방향을 바라보기가 어렵다는 것을 늘 체험한다. 하지만 그렇게 같은 방향으로 따라하기가 만만치 않음도 어찌할 수 없나 보다.

무더위에 짧게 깎은 머리가 한결 시원하다.

164
나, 승하여

지난여름은 참말로 더웠다. 정신을 다 빼놓는다는 말이 맞는 말이었다.

어느 날은 새벽부터 일을 해서, 오전에 작업을 끝내고 집에 왔다. 피곤한 몸을 쉬려고, 점심때 한라산소주 한 병을 마신 후 잠을 청했다. 전화하면 꼭 안 받는다는 불평을 면하기 위해서 휴대폰을 머리맡에 두고, 마루에서 '나무 목' 자로 뻗었다.

휴대폰이란 게 참 묘하다. 몸에 휴대하고 있을 때는 하루에 두어 번 울릴까말까하다가, 목욕이나 화장실 용무로 떨어졌을 때는 꼭 전화가 온다.

좀 깊은 잠에 빠졌을 때 휴대폰이 울렸다.

"네. 오○○입니다."

"나, 승하여(가명)!"

"네?"

"나, 승하라!"

"네? 누구시지요?"

"승하여, 승하. 나 모르크나?(모르겠느냐?)"

시파, 승한지 전한지 내가 알게 뭐여. 단잠 자다가 깬 사람의 사정은 누가 알아주나. 잠자던 상황임에 양해를 구하고 다시 확인했더니 초등학교 동창생이었다. 승하를 단번에 알아내지 못한 이유는 동명이인이 있고, 그가 동창회 활동을 중지한 지 오래돼서다.

50여 년 동안 그와의 전화통화도 처음이었다. 50년이 아니라 5년 동안 통화가 없었던 사람도 어색하기는 마찬가지 아닌가. 눈치 빠른 사람은 초등학교 동창 아무개라고 재빨리 부연설명을 해서 넘어가지만, 그렇지도 못한 경우가 문제인 것이다. 가령 '승하여, 승하여' 를 골백번 되풀이한들 피로에 지쳐 잠들었던 전하는 계속 '누구세요?' 할 것이 아닌가.

이미 도망가버린 잠과 가만히 있어도 땀이 흐르는 더위가 낭패였다.

165
치과 환자

어느 문우의 말이 맞았다.

더운 여름에 치과에 출근하려면 고생깨나 하겠다고 했다. 처음엔 무슨 소리인가 했는데 이내 알게 됐다.

한 달 남짓 고생하고, 지금은 '금니대열'에 합류했다. 며칠에 한 번씩 돈 벌러 출근하는 것이 아니라, 돈 처박으러 출근하는 것이다.

간호사가 대여섯인 그 치과에서 유독 '친절한 금자씨'(간호사)가 맘에 쏙 들었다. 아니라고 우겨봐야 '씨나락이 귀신 까먹는 소리' 한다고 할 것이기에 그대로 인정한다. 농담도 장단이 맞아서인지 그 간호사는 나만 보면 생글방글 웃었다. 고통스런 치료를 받는 데 친절한 그녀가 약간의 도움은 되었음이 확실하다.

“조금만 더 참으세요. 원래 치과는 아픈 데임을 상식으로 아시잖아요?”

‘상식’이라는 말 한 마디에 멱살 잡혀서, ‘그래, 맞다.’고 맞장구칠 수밖에 없었다.

어느 날은 오라는 날을 앞당겨서 비상 진료를 받았다. 아내가 농사일에 고생한다고 퇴근길에 유명제과점의 팥빙수를 사 왔다. 얼음을 씹어먹은 것도 아닌데, 치료받는 어금니의 일부가 부서져 나왔다.

진료의 결과는 부서진 어금니의 양쪽으로 기둥을 세우고 어쩌고 하는 값이 기존에 계약한 수십만 원에 추가로 거금 십만 원이 더 든다고 했다. 뭘 어찌한다는 얘기인지 들어봐도 이해가 안 됐지만, 잠잠할 일이었다. 나는 환자이지 의사가 아니니까 그렇다.

그럼 나는 십만 원짜리 팥빙수를 먹은 셈이 됐다. 뭐가 안 맞아도 정말 코드가 안 맞네, 죄 없는 아내에게 말없이 화살을 돌렸다. 치과 치료 중이니 씹어야 할 먹을거리는 사오지 말았어야 할 터인데, 열차는 떠난 다음에야 후회하게 마련이다.

그 치과의원의 접수와 회계담당은 아내의 고등학교 동창생이다. 웃지 않아도 예쁜 편인데 사정을 알고는 눈치껏 웃었다.

그 날은 당신이 다 책임지라고 아내를 대동하고 치과에 갔다.

한번 더 신경치료를 하고 다음은 금자 씨가 아니라 금니를 씌운다고 했다.

아이고, 치과에 다니느니 '국제고통협회'에 가서 막일꾼으로 나서고 말지.

166
술 한잔

인생은 나에게
술 한잔 사주지 않았다
겨울밤 막다른 골목 끝 포장마차에서
빈 호주머니를 털털 털어
나는 몇 번이나 인생에게 술을 사주었으나
인생은 나를 위하여 단 한번도
술 한잔 사주지 않았다
눈이 내리는 날에도
돌연 꽃 소리 없이 피었다 지는 날에도
인생은 나에게
술 한잔 사주지 않았다

정호승 시인의 〈술 한잔〉 전문이다.

아, 그렇구나. 나만 그런 줄 알았더니, 정호승 시인도 그랬구나.

'나는 몇 번이나 인생에게 술을 사주었으나 / 인생은 나를 위하여 단 한번도 / 술 한잔 사주지 않았다'는 살아가는 아픔이여.

내가 언제부터 술을 좋아했는지는 딱히 기억나지 않는다. 하지만 3년간이나 독학 재수, 이루지 못한 사랑의 아픔 등이 연유가 됐으리란 건 확실하다.

살아가는 아픔 때문이었지 친구와 우정의 징표로 술을 즐기지는 않았다.

힘들어도, 때론 참담한 실패의 고통이 밀려와도 이겨내며 가야만 하는 숙명이 인생길 아니던가.

변화하는 세상이 또 술 한잔을 찾게 한다. 예전에는 친구가 찾으면 술 한잔을 차릴 줄 아는 미덕이라도 있었으나 요즘 어디 그러랴. 계산된 웃음과 함께 술 한잔을 같이 마시지만, 공짜는 없다는 진리만 쓰디쓰게 남을 뿐이다.

진짜로 바쁜 친구도, 바쁠 것 하나 없는 친구도 바쁘다는 핑계로 술을 거절하지만 실은 제 한 몸 건강 챙기기인 것을 누가 모르랴.

이런저런 일로 마음 아프게 살아갈 때도, 인생은 나에게 술 한잔 사주지 않았다.

진솔하게 마음 문을 열어놓고 술 한잔을 같이할 친구가 그립다.

167
우리 사이

지난 8월엔 나를 비롯하여 대학생인 아들딸도 바빴다.

아내 자랑, 자식 자랑을 일삼는 사람은 확실히 팔푼이다. 실은 팔푼이 80%라는 것도 모르면서 팔푼이를 홍보는 사람도 많은 세상이다. 80%는 모자란 듯싶지만, 기실은 꽉 차있는 숫자가 아닌가.

어허, 오늘은 글쓴이가 팔푼이가 될 일이 생겼구나, 하고 눈치채는 독자는 눈치가 8단이다. 아마 그 정도면 세상 사는 일에 그 눈치로 어려움이 없을 줄 믿는다.

하루는 낮에 대학생 딸이 컴퓨터에서 조회를 해보더니, 2학기 등록 시에 장학금 해당이 된다고 좋아했다. 당연히 나는 뽀뽀해 주고 기만 원을 격려금으로 줬더니 입이 귀에 걸렸다.

점심을 먹으려는데 휴대폰에 아들의 문자메시지가 떴다.

"아빠, 친구 결혼식 잘 치르고 조금 놀다가 갈게요. 보내 주셔서 고맙습니다."

"이왕 갔으니 편안하게 잘 놀다 오너라. 사랑하는 아들아."

곧 답신을 쳤다.

나도 그 때 3박4일간의 육지 출타에서 곧 돌아온 상태였다. 아들은 고향친구가 서울에서 결혼한다고 축하 차 3박4일 일정으로 서울에 가 있었다.

이처럼 난 아들, 딸, 아내와 친구처럼 편하게 지낸다. 아들을 못 본 지가 일주일이 넘어가니 돌아오면 한라산소주 1인 1병씩 대작해야겠다는 생각을 했다.

사는 일이 늘 여일할 수만은 없는 노릇이지만, 80% 이상의 날들이라면 그건 틀림없이 '우리 사이 좋은 사이'다.

168
깨어나는 불빛

일이 바빠 운동을 거르다가, 새벽에 고근산 산책길에 올랐다. 아내의 채근이 없었다면 몇 날을 또 그냥 넘겼을지 모른다.

운동을 못한 지 보름이 넘었다. 사람들을 만나면 듣게 마련인 배 타령의 배가 더욱 더부룩한 느낌이었다.

다섯 시 반쯤에 산책에 나섰는데 벌써 내려오는 사람들은 도대체 몇 시에 운동을 나선 걸까. 산책로에는 태양 광을 에너지로 한 등이 켜져 있어 산책하는 데 지장은 없다. 등 · 하산에 대략 40여 분이 소요된다는 것을 감안하면 그들은 네 시 반 정도에 집을 나선 사람들인 것을 미루어 알 수 있다. 부지런하다. 네 시 반이면 9월에는 깜깜한 새벽이다.

산의 중간쯤 올라가서 숨을 고르며, 신서귀포의 시가지를 바라보았다. 반짝반짝 깨어나는 불빛들로 환했다. 모두들 또 새로운 하루를 여는 중이었다. 지치고 힘들어도 다시 일어나 걸으라고 재촉하는 것 같은 불빛이었다.

철도의 폐침목으로 설치한 905개의 계단을 다 오르자 정상이었다.

여섯 시쯤 멀리 보이던 불빛들은 사라지고 남태평양의 푸른 바다가 어렴풋이 보이기 시작했다. 둘레가 700m인 정상의 분화구 주변을 두세 바퀴 도는 것은 운동 겸 산책객들에게 기본이다.

평소에는 별로 못 봤던 아침노을이 너무 고왔다. 잠시 후에 아스라이 보이는 오름(자그만 산) 사이로 떠오른 일출은 장관이었다.

떠오르는 태양의 자태처럼 나머지의 인생을 살아갈 일이다. 반세기 넘게 잘 헤쳐 왔는데, 어려우면 또 얼마나 어려우리.

169
화장실 찾기

급한 용무는 때에 따라서 달라지게 마련인 것이 사람의 일이다.

장시간 버스에 앉아 있던 사람이 내리면 제일 급한 용무가 무엇일까. 대부분 화장실 찾기다. 대중이 이용하는 휴게소에 내리면 물어볼 것도 없이 화장실을 쉬 찾아낸다.

그렇지만 특급호텔 등의 고급장소에선 꼭 그렇지가 않다.

얼마 전, 모 문학회의 세미나가 있었다. 참석을 위해 서귀포에서 제주시까지 공항 리무진버스를 이용했다. 한 시간 남짓 걸렸다.

행사장인 모 특급호텔에 내리자마자 화장실을 찾는데 눈에 띄질 않았다. 화장실이 있겠다 싶어 빠져나간 곳은 1층의 주차장이었다. 촌사람처럼 더 기웃거릴 것도 없이 행사의 안내 데

스크에 물어서 찾았다. 모든 게 으리으리하고 낯선 시설 속에서 촌사람이 아닌 척 눈치로 찾기가 난감했다.

세미나엔 참석할 생각이 없어서 일부러 지각한 것이었으니, 안내를 맡은 사람의 옆에 자리를 같이해서 벗해 주는 척했다.

그런데 어느샌가 그 사람은 세미나실로 들어가 버려서 나올 줄을 몰랐다. 영락없이 안내를 혼자 맡게 됐다. 지각해서 오는 회원이 별로 없어서 특별히 안내를 할 것은 없었다.

세미나가 두 시간을 넘기면서 화장실을 찾는 사람이 늘었다. 화장실 문에 표지가 없는 것은 아니었지만, 교묘하게 눈에 잘 안 띄는 구석자리여서 혼자 찾기는 어려울 듯싶었다. 99%가 안내자에게 물었다.

어느 여류선생님이 화장실이 어디냐고 묻기에 가리켜 줬는데, 그곳은 알고 보니 장애인용 화장실이었다. 멀쩡한 분을 장애인 화장실로 안내한 것이 미안했지만, 졸지에 떠맡은 안내자라 미처 파악을 못한 걸 어찌하랴.

세미나를 안내하는 사람이 아니라 화장실을 안내하는 사람으로 전락돼 버렸다. 그래도 화장실 찾기가 세미나보다 우선이지 않는가.

아무나 찾기 쉬운 화장실 찾기도 그리 어려울 때가 있다. 누구도 그냥 살아가기만 하면 될 것 같은 인생길의 어려움을 부인하는 사람이 있으랴.

170
방울토마토

지난 9월 5일의 태풍 '나비'는 대단한 위력의 바람으로 간담이 서늘한 기분이게 했다. 태풍이라면 폭우를 동반하는 것이 상식인데, '나비'는 비 한 방울 내리지 않았다.

그 덕분인지 텃밭에 한 그루 심어놓은 방울토마토는 건재했다. 키가 2미터를 넘어 단단하게 버팀대를 세웠지만 강풍에 엉망이 돼버릴 것으로 판단했다. 약간의 피해가 없는 것은 아니지만, 건재한 것이 신기할 정도였다.

두 달쯤 전에 서귀포 오일장에 갔다가 묘목 다섯 그루를 사왔었다. 아내가 쉬는 일요일에 동행했기에 평소 아내가 눈독을 들인 방울토마토 묘목을 사들인 것이다. 텃밭에 심어놓고 오며가며 갖은 정성을 쏟았음에도, 지금의 한 그루만 살아남고 나머지는 원인불명으로 말라죽었다.

'오일장에서 파는 게 다 그렇고 그렇지 뭐.' 하고, 세파에 찌든 내 생각을 비웃기라도 하듯 한 그루만은 튼실하게 자라 주었다.

태풍에도 견딜 만큼 쇠파이프로 버팀대를 세웠는데, 백 개가 넘게 달린 토마토들이 익을 줄을 몰랐다. 토마토의 숙기가 언제인지 기본지식이 없으니 막연했다.

그런데 며칠 전부터 익어가기 시작해서 빨갛게 익은 것과 이제야 콩방울만 하게 파란 것까지 주렁주렁 공존하고 있다. 완전한 무농약 재배여서 그럴까, 느끼는 맛도 괜찮다.

과일이든 채소든 무지 좋아하는 아내에게 점수를 좀 따려고 정성을 다한 노력은 어디 가서 보상받아야 하냐는 '사람의 생각'이 부끄러워졌다.

파란 상태로 있는 날이 좀 길어지자 숙기가 맞지 않아서 익지 않을 거라는 섣부른 단정을 하지 않았던가. 식물은 식물대로 알아서 자연의 이치로 자라는 것을 '오일장' 상품이어서 그렇다는 편견은 찌든 생활인의 오만이다.

50여 년 살아오면서 굳어진 편견은 이제 중증이다. 특별한 계기가 없으면 고쳐지지 않는 것은 남도 마찬가지일 터이다.

방울토마토가 그 편견을 생각해 보는 기회를 줬으니, 얻은 덤이 크다.

내년에도 다시 방울토마토 묘목을 심으리라.

171 가능성

무한한 가능성에 도전할 수 있는 것은 사람만이 할 수 있는 일이다. 무엇이든 할 수 있다는 가능성에 대한 생각은 오늘도 눈부신 변화를 이루어간다.

어느 날, 잠시 아들 방에 갔다가 켜진 텔레비전을 보았다. 무슨 프로인지도 모른 채 현재 진행 중인 화면만 조금 봤다.

'물로 청바지를 자를 수 있을까?' 가 주어진 문제였다. 바로 전에 건장한 청년 두 명이 힘껏 잡아당겨도 찢어지지 않던데….

물론 트릭을 사용하는 마술게임이거나 그런 프로가 아니었다. 이런저런 일에 많이 속은 시청자들은 어떤 트릭이라고 의심할 만했다.

드릴처럼 강한 물줄기가 쏟아지자 양쪽으로 잡은 청바지가 거짓말처럼 잘려 나갔다. 예리한 칼로 자르는 것이나 진배없었다. 매듭 부분도 예외 없이 걸리지 않고 잘라져 나갔다. 새롭고 신기한 체험이었다.

물로 천을 자를 수 있다는 가능성을 처음 생각해 본 사람은 누구일까. 툭하면 안 된다는 생각보다는 늘 가능성을 추구하며 살 일이다.

172 그 바다

추석이다.

모든 절차가 끝나고 모두들 제 갈 길로 가고 난 후 혼자가 됐다.

문득 그 바다를 보고 싶은 생각이 간절해졌다. 오후 여섯 시. 오랜만에 그 바다의 산책로로 나섰다. 운동삼아 자주 다니던 산책로였지만 못 나간 지 한 달 반이 지나고 있다.

오늘 아내가 친정에 가서 모처럼 그 바닷길을 혼자 걸었다. 세상 사는 일에 사연이 없을 수 있으랴만, 40일 전 그 바다에서 아내는 둘째 오빠를 잃었다. 외돌개 인근의 기차바위에서 혼자 낚시를 하다가 불의의 사고로 불귀의 객이 된 것이다. 그때부터 바다를 보면 마음이 아프다고 아내는 그 바닷가 산책을 포기했다.

산사나이가 산에서 가듯 둘째 처남도 그렇게 갔다. 낚시를 워낙 좋아한 낚시꾼이 안전사고로 갈 줄 누가 알았으랴. 낚시터인 그 바다에서 실종 이튿날 시신으로 떠올랐던 때를 기억한다. 장인은 "ㅇㅇ아, ㅇㅇ아, 이제 그만 나와라!" 바다를 향해 애타게 불렀다. 아들을 잃은 부모의 그 아픔을 어찌 제대로 표현할 수 있으랴.

오랜만에 걸으면서 바라본 바다는 언제 그런 일이 있었느냐는 듯 평온하게 보였다. 추석날임에도 5톤 미만의 소형 어선이 네댓 척 보였다. 바라보는 사람에겐 평화롭게 보였을지언정, 쉴 새도 없이 생업에 종사하는 것이리라. '누구는 추석에 쉴 줄 몰라서 바다에 나온 줄 아느냐. 산다는 일이 그렇게 만만한 일이더냐.' 는 답이 돌아올 것만 같았다.

그래도 바다를 보며 걷는 일은 피곤한 심신이 무언의 위로를 받는다. 이런저런 일의 고비마다 이번을 넘기면 좀 쉬게 되겠지 하는 동안에 일년이 다 저물어간다.

어차피 아픔도 함께 기쁨도 함께인 생을 살면서, 아픔만은 잊을 수 있기를 바라는 마음은 누구나 마찬가지리라.

가볍게 출렁이는 바다처럼 삶에도 잔잔한 굴곡만 있으면 얼마나 좋으랴.

돌아오는 길에도 그 바다는 부드럽게 출렁이고 있었다.

173
배고파서 삐치기

세상에 쉬운 일이 어디 있을까.

매일 농장에서 혼자 작업하는 일도 쉽지는 않다. 누구는 부부가 매일 농장에서 마주 보며 되풀이되는 일상의 단조로움과 잔소리에 짜증이 나서 못해먹을 지경인 것을 아느냐고 하소연했다.

오늘도 점심은 라면에다 밥과 약간의 김치가 전부였다. 절약 차원에서가 아니다. 농장의 인근에 보신탕 집이 있지만 작년에 서너 달 계속 일하면서 소주와 함께 너무 많이 먹은 결과 체중관리에 혼이 난 적이 있어서이다. 그래서 이제는 며칠에 한 번 정도만 찾는다.

평소엔 조금만 먹어도 배고픈 생각 없이 일을 한다. 오늘도 그랬지만, 가끔은 그렇지 않은 적도 있다. 그런 날은 일을 끝낼 무렵부터 출출해지기 시작한다.

다른 것은 몰라도 배고픈 것을 참는 일은 누구에게나 힘들다. 나 역시 맞벌이하는 형편상, 밤 아홉 시를 넘기까지는 밥 타령은커녕 얼굴도 못 보는 처지임에랴.

오늘은 만감인 청견의 달아매기를 끝내고 나니 저녁때 소주 한 잔 생각도 났다. 아내에게 퇴근 시 삼겹살을 사오도록 미리 주문도 해 놓았다.

혼자 밥을 차려 먹고 또 술 마시기를 기다린다면 요즘은 멍청한 남자일 뿐이다. 불러오는 배를 주체 못하고 운동은 거르기 쉬워서 걱정인데 더 무슨 설명이 필요하랴.

오후 다섯 시쯤 농장에서 퇴근한 후 밤 아홉 시에 퇴근하는 아내를 기다리기까지의 시간은 좀 길다. 더욱이 가을이라 빨리 어두워지다보니 변함 없는 시간인데도 엄청 길게 느껴진다.

배고픈 것을 넘기는 방법에는 잠자는 일이 최고다. 여덟 시쯤부터 한 시간을 잤다. 겨우 잠에 빠질 무렵에 퇴근한 아내가 깨웠지만 나는 시큰둥한 기분이었다.

이유는 단 하나, 배가 고팠기 때문이었다. 억대의 농장 사장이 배가 고파서 삐쳤다면 대단한 거짓말일 것 같아도 사실이다.

삼겹살에 소주 한 병을 마셨더니 배고픈 속도 풀어지고 정상으로 회귀했다.

밤하늘에 떠 있는 별을 올려다봤다.

174
구매동기

농장에서 혼자 일할 때가 대부분이다 보니 먹고 마시는 것을 해결하는 것이 귀찮을 때가 있다. 식수까지 챙겨서 다녀야 하니 더욱 그렇다.

커피를 즐기는 편이지만, 농장에 갔을 때는 점심 후엔 소주 딱 한 잔이 더 제격이다. 일을 하다 말고 휴대용 가스레인지에 물을 끓이고 뭐 하는 과정이 귀찮아서다. 입맛에 맞게 커피와 설탕을 조절해서 마시면 좋겠지만, 그게 쉬운 일인 듯하면서도 어렵다. 대부분의 농사꾼들이 커피믹스를 통째 사다 두고, 그냥 잔치커피를 마시는 것은 바로 그런 이유에서일 것이다.

농장에 커피가 떨어져서 출근길에 동네 슈퍼에 들렀다. 전번에는 모 회사의 상품이 한 종류여서 망설일 필요가 없었으나 이번은 달랐다.

같은 회사의 비슷한 두 종류의 상품이 있는 게 아닌가. 다른 종류면 가격이라도 좀 달라야 선택이 쉬울 텐데, 꼭 같은 가격이었다.

커피믹스가 달라봐야 거기서 거기일 테고, 커피 맛이 차이가 나봐야 커피 맛이 아니겠느냐고 하면서도 사람의 마음은 그렇지 않았다.

기천 원에 불과한 커피믹스 한 통을 다 마시기까지는 한 달 이상이 걸린다. 맛이 없다고 그냥 버리기에는 아까울 터이고, 그러다 보니 별로 맛도 없는 커피를 한 달 이상 억지로 마시게 된다는 결론이다.

한 개의 상품에는 '순하고 부드러운 맛' 이라고 표시돼 있었다. 다른 하나는 '풍부한 맛' 이었다.

어느 걸 택하느냐, 잠시 망설였다. 순하고 부드러운 맛이 어떤 맛일까. 그냥 좀 싱거운 커피 맛일까. 풍부한 맛은 그럼 좀 진한 맛일까. 순하고 부드러운 자체가 풍부한 맛일 테니, 그게 그거라는 소리일까.

구매동기가 유발되는 데는 단순하게, 때로는 복잡한 생각의 흐름이 있을 것이다. 치열한 경쟁의 시대에서 소비자의 눈길을 잡는다는 것 자체가 좀 어려운가. 한 회사의 두 상품에 신경을 쓰다 보면 다른 회사의 상품엔 눈길이 안 가도록 하는 고도의 심리작전일까.

맛의 안전을 고려해서 전에 샀던 '풍부한 맛' 커피믹스를 또 샀다. 이삼십대였으면 '순하고 부드러운 맛'을 택했으리라.

이제 오십대의 저무는 나이엔 '풍부한 맛'이 그래도 당기니, 영락없는 '쉰세대'구나.

175
가을 소나기

엊그제였다.

9월이 다 가도록 한 달 남짓 비 구경을 못했다.

밤 아홉 시에 퇴근하는 아내가 좀 일찍 집에 와서 운동하러 나가자고 했다. 여러 날 계속한 농사일로 피곤해서, 아들과 같이 가라고 해놓고 마루에 편히 누웠다.

담배를 한 대 피우고 싶은 생각에 밖으로 나섰다. 그런데 예상치 못한 빗방울이 뚝뚝 떨어지는 것이 아닌가. 낮에도 잠시 비가 내리더니 별난 날이었다. 있으나마나한 일기예보임을 증명하려 함인가.

아무튼 피우던 담배를 던지고 차를 몰았다. 속보운동의 거리는 5km. 집에서 나선 지 20여 분이 지났으니까, 대충 어디쯤 가고 있을지 짐작이 갔다.

차를 조금 운행했을 때 큰비가 쏟아지기 시작했다. 콜렉트콜(수신자부담전화)로 위치를 알려올 수도 있으니 휴대폰이라도 갖고 나갈 걸 했으나 이미 늦었다.

예상했던 지점까지 갔는데도 아내와 아들은 보이질 않았다. 빗방울 때문에 평소보다 빠른 걸음으로 걸었을까. 아니면 비가 시작되자 지나가는 택시를 잡아타고 집으로 간 것일까.

그래도 할 수 없는 일, 예상했던 지점보다 훨씬 더 갔을 때였다. 아마 집에서 3km쯤 되는 거리일 것이다. 차를 천천히 몰면서 인도를 살피고 있는데, 쫄딱 젖은 채로 걸어가는 두 사람을 발견했다.

모른 척하고 50m쯤을 더 가서 길가에 차를 세웠다. 혹 이왕 젖었으니 걷는 맛에 그냥 걷겠다고 할지도 몰랐다. 그런데 웬걸, 쪼르르 달려와서 차를 탄다. 옛날 '야타족' 처럼 "야 타!" 라고 했더니 두말 없이 차를 타는 것이 아닌가.

"으하하하." 조건 없이 웃음이 터져 나왔다. 이 가을에 쫄딱 젖은 모습을 보고도 웃음이 안 나왔다면 오히려 그것이 이상했을 것이다.

나는 한 달여 동안 혼자 농장에서 일하느라고 정말로 웃을 일이라곤 없었다.

예상치 못한 가을 소나기가 한바탕 웃음과 함께, 스트레스도 쓸어갔으니 그것도 괜찮았다.

176
글 쓰는 농사꾼

연이어 가을비가 내려서 정신이 없었다.

비 오는 날은 농사꾼에겐 무조건 휴일이다. 이 전제가 없으면 할 일 없는 수필가가 헛소리하는 것으로 들릴 성싶다.

지난 한 달은 가을가뭄으로 너무 피곤하게 일만 했다. 비 오는 날, 집에서 오전부터 소주 두 병을 마시면서 잠자고 깨고 다시 잠자고 그렇게 하루를 보냈다. 진짜로 좀 쉬고 싶어서였다.

예전엔 수필가로 등단할 정도만 되면 무슨 글이든 생각한 대로 써지는 줄 알았다. 그런데 아니다. 등단 이전엔 연습이려니 부담 없이 썼지만 지금은 그럴 수도 없다. 글이 마음대로 써지지도 않고 더욱이 잘 쓴다는 것은 희망사항에 불과함을 알았다.

5백 편 넘게 수필을 썼으면서도 자신 있게 수필을 얘기할 수도 없고, 수필이라면 한 마디하고 싶은 생각도 드는 모순이 있다.

애초엔 수필가가 희망이 아니었다. 고교 시절부터 막연히 선망한 것은 칼럼니스트였다. 잘난 사람이 될 기회가 없었던 나는 수필가가 하나의 대안임을 알고 길을 찾았다.

등단 후에 어찌 인연이 닿아서 지방신문에 4년 넘게 메인 칼럼을 써오고 있다. 글은 이제 완전히 익숙해졌겠으니, 손만 대면 바로 글이 나오는 줄 아는 친구들이 있다. 미더스 왕의 손인 줄 안다. 다음엔 이런 걸로 한번 시원하게 쫙 써달라기도 하지만, 유머로 넘긴다.

별로 대단한 글도 아니면서 산고라는 말이 실감날 정도로 힘들게 탈고한 적도 여러 번이다. 그 탈고 과정이 힘들어서 끝낸 다음엔 소주를 찾는 일도 많았다. 아니 그 맛에 계속 글을 쓸 수 있었는지도 모른다.

아직 원고청탁을 받은 것도 아닌데, 4년을 마감하는 40회째의 칼럼에 대한 감회를 쓰려고 준비중이다.

지금 생각하면 한 회의 칼럼을 쓰기가 그렇게 힘들었으면서도 4년 동안이나 버틴 나도 지독한 수필가라는 생각이다. 신문사에서 그만 쓰라고 할 때까지 메인 칼럼의 필진으로 멋진 칼럼 하나 써보리라.

177
안전장치

아침에 아내와 함께 처가에 갔다.

장인어른이나 장모, 모두 76세다. 연세를 애써 기억할 필요도 없다. 현재 살아 계신 어머니와 돌아가신 아버지, 모두 동갑이기 때문이다.

남이 장인, 장모의 연세를 물으면 망설이지 않고 척척 대답하면 내가 기억력이 좋거나, 머리가 좋은 것으로 오해를 한다. 아무려나 손해볼 일은 아니다.

아내로부터 친정어머니의 다리 통증 때문에 특별처방을 한다는 얘기를 들었다. 마음은 있지만 돈 때문에 걱정이 될 것은 당연하다. 수십만 원에 해당하는 돈이지만, 그 돈이 없어서 못 살 입장이 아니라면 당연히 오케이다.

이제껏 처가의 일에 돈 때문에 아내와 불편해 본 일이 없다. 당연한 진리처럼 내 부모에게도 무얼 어떻게 잘해 달라고 주문한 일이 20여 년 동안 한번도 없다. 그럴 필요가 있겠는가.

장인어른이나 장모도 나를 많이 좋아한다. 사위가 넷이건만 일본이나 육지 등에 있으니 아프다는 하소연 한번을 할 수가 없다. 그래서 만만한 것은 가까이에 사는 둘째 딸인 아내이고, 나는 그 사위다. 아들은 둘이 가까이 살지만 부모를 위하는 정성이 딸보다는 부족한 것 같다.

마루에서 우연히 벽을 쳐다봤다. 어, 무슨 용도일까? 창문 틀에 못을 박고 그 위에 빨래집게로 캡슐형 약을 집어넣은 것이 아닌가. 안방도 아니고 마루에 그렇게 해놓은 것이 궁금했다.

"저 약은 왜 저기에 매달아 두셨어요?"

"아, 그거! 눈 때문에 먹는 안약인데 자꾸 먹는 걸 잊어버려서…. 저기에 달아두면 안방에서 나설 때마다 눈으로 확인하게 되니까…." 라고 장인어른이 대답했다.

나는 웃음이 터져 나왔다. 그러니까 잊어버리는 데 대한 안전장치였던 셈이다. 화급한 증상이 있는 경우가 아니면 약 먹는 것을 잊는 것쯤은 누구에게나 통상 있는 일이다.

살아가는 일에도 안전장치만 있으면 겁날 것이 하나도 없겠는데, 몰라서도 아니고 알아서도 방법이 없다. 20년 이상으로 길어지는 노후대책을 위해서 수억의 돈이 필요하다는 것을 모르는 사람은 없다. 노후는 그동안 열심히 산 인생에 대한 보답이어야 하고 영광이어야 할 텐데….

178
핑계

얼마 전에 고등학교 총동문회의 체육대회가 있었다. 학교 이름이 바뀐 후로 이번이 네 번째의 대회였지만, 내가 참가하기는 처음이었다. 어떤 문제로 동창회 조직이 와해되었다가 이번에 부활됐다. 총무를 맡고 있는 입장이어서 모두 연락을 했지만 참석한 사람은 정작 서너 명이었다.

항상 그렇지만 그럴듯한 핑계로 '얼굴만 비치고' 빠지려는 친구가 있게 마련이다. 그 날은 우리 동문의 신임 회장이 정말인 듯싶게 빠질 궁리를 했다.

"난 교회 갈 시간이 다 돼서 먼저 가야겠다."

"어? 네가 교회 다닌다는 소린 처음 듣는데 무슨 얘기냐?"

이 친구가 정말 얼굴빛 하나 변하지 않고 교회를 끌어들이는 것이 아닌가. 하지만 잘못 걸렸다. 이 총무로 말할 것 같으면 10여 년이나 교회에 적을 두고 있는 나일론 신도가 아니더냐. 참으로 교회 갈 걱정을 해야 할 건 회장이 아니라 총무인 나였다.

"교회와 사회생활은 잘 조화가 되어야지 어느 한쪽에 치우치다 보면 바보 되기 십상이지."

"…?"

개인적인 사정을 다 알 수는 없는 노릇이고, 진짜 이 친구가 교인으로 변신했을 것을 감안하여 유도심문을 했다.

"야, 임마. 너 저번 모임 때 술만 잘 퍼먹던데 교회는 무슨 교회냐?" 라고 직격탄을 날렸다. 그도 그럴 것이 비교인들은 교회만 나가면 술, 담배를 딱 끊는 걸로 알고 있다. 나처럼 술, 담배와 신앙의 문제를 연관짓지 말라는 나일론 신도가 있는 줄을 모른다. 관행상 술, 담배를 자제하고 있는 것은 맞으니까 그것도 무시할 순 없지만 그것을 신앙의 본체처럼 생각하는 것은 잘못이다.

"다리가 좀 아파서 교회에…."

"점점 수가 높네. 다리 아픈 거하고 교회하고 무슨 상관이 있어?" 결국 친구가 두 손들었다.

"하하, 너는 정말 못 당하겠구나."

그 날이 마침 일요일이어서 둘러댄다는 것이 그만 들통이 났다. 다리가 아파서 교회에 가겠다는 친구를 반세기 남짓 만에 만난 감회도 섭섭하진 않았다.

179 리콜

요즘은 리콜 시대다.

자동차나 가전제품이나 일정기간이 경과되기 전에 정상수리가 불가한 고장은 리콜이 가능하다. 즉 새것으로 바꿔 준다는 조건을 달고 판매하는 것으로 알고 있다.

그렇지만 리콜의 조건도 만만치 않아서 차라리 포기하는 쪽으로 정리하고, 다시는 그 회사 제품이라면 평생 쳐다보지도 않겠다는 불편한 마음이 남을 때도 있다. 혹 이쯤 돼서 무슨 얘기를 하려고 설명이 그럴싸한지를 알아챈 독자가 있다면 이야말로 대한민국 제일의 눈치가 있음을 인정하겠다.

대부분의 사람들이 마찬가지겠지만, 인생의 3분의 1을 차지하는 잠은 매우 중요한 위치를 차지한다. 양질의 잠을 자고 난 아침과 불쾌한 꿈이나 적절하지 못한 수면 환경에 시달리다가 깬 아침을 비교할 필요가 있으랴. 나는 특히 잠자는 환경에 남보다 예민하다.

웬만한 일로는 아침부터 잔소리를 하거나 불편한 내색을 안 하는 것이 내 주의다. 하지만 잠을 잘못 잤을 때는 예외다. 이불을 걷어 내기가 바쁘게 아내에게 분풀이를 한다. 아내는 잠버릇이 유별나서 마라도에서 백두대간까지 종횡무진으로 잔다. 나는 이불을 못 덮는 건 예사고, 딱딱한 방바닥에 홀로 뒹굴 때도 많다. 아내는 실제로 모르기도 할 터이지만, 몰랐다고 미안하다면 그만이다.

어제는 출근길에 내내 분풀이를 했다.

"어머니(장모)한테 가서 바꿔 달래야지. 이거야, 정말!" 아내는 묵묵부답이었다.

"바꿀 사람도 안 남아 있으니, 무상 애프터서비스를 요청한다? 무상 애프터서비스 요청도 인증선가 뭔가가 있어야 할 터인데, 20여 년이 지났으니 시효로 소멸됐겠구나."

문득 주례 앞에 애초부터 리콜 포기를 약속하지 않았나 하는 데 생각이 닿았다. '아무개는 기쁠 때나 슬플 때나 아무개를 사랑하고 어쩌고 할 것을 약속합니까?' 하고 주례가 물었을 때, 누가 촌놈 아니랄까 봐 우렁차게 대답했던 것을 벌써 잊었단 말인가. 아직도 가야 할 길이 멀고도 먼데, 리콜이 불가한 것도 모르고 괜히 마음밭을 술렁이게 한 죄가 크다.

180
어떤 일치

일치한다는 것은 괜찮은 일이다.

일상에서 별 신나는 일이 없는 사람도 '우연한 일치' 를 발견하게 되면 기분이 좋다.

'일치' 는 사전적 풀이로는 "서로 어긋나지 않고 꼭 맞음" 이라고 돼 있지만, '꼭' 이 아니라 대충만 맞아도 어디랴. 어차피 로또 복권 얘기하려는 것이 아니다.

대부분의 사람들은 일치에 대한 경험보다 약간 빗나가서 아쉬웠던 일이 더 많을 터이다. 쉬울 듯한 일치가 의외로 쉽지 않고, 생각에서 일에서 대인관계에서 어려움을 느낄 때가 종종 있게 마련이다.

어제는 우연한 일치로 '거, 참!' 하는 만족을 느꼈다. 하우스의 만감에 물을 주기 위하여 농장에 갔을 때다. '밀어내기 한

판' 에 대한 신호도 겹쳤다.

양수기 등 스프링클러의 작동을 확인하고 간이화장실에 있었다. 갑자기 스프링클러의 고장 신호음이 들렸다. 십여 미터 떨어진 곳에서 들리는 소리였다. 스프링클러의 꼭지가 이탈되면 그 부분으로 물줄기가 천장까지 치솟는다. 스프링클러는 평소 일일이 점검하기도 어렵고, 모르면 그대로 방치할 수밖에 없다.

우선 급한 용무를 해결하고 소리가 나는 진원지를 찾았다. 예상대로 스프링클러의 꼭지 하나가 도망간 것이 확인되었다. 사다리를 타고 올라가서 수리를 구상했다. 합성수지 파이프에 꽂혀 있던 스프링클러의 꼭지가 칼로 자른 것같이 예리하게 잘려 나갔다. 나사로 파이프 속에 박혀 있는 꼭지의 일부를 빼내는 것이 문제였다. 다른 꼭지로 교체해야 하기 때문이다.

일이 되려니까 번쩍 아이디어가 떠올랐다. 전정가위의 끝부분을 구멍에 넣고 돌리면 플라스틱인 꼭지가 겉돌지 않으리란 판단이었다. 조심스럽게 시도해 본 결과 성공이었다.

어쨌든 그 시간에 간이화장실에 있지 않았으면 모르고 넘겼을 가능이 많다. 저번부터 일부분의 물 주기 상태가 좋지 않아도 이파리가 무성해서 그렇겠거니 했다.

우연의 일치로 고장도 고치고 넉넉한 기분이었다.

181
유가

농민이니까 당연히 농민신문을 본다.

며칠 전 신문을 보다가 옳거니, 했다.

기사 제목이 "휘발유 값 1리터 1,500원대 그래도 '자돈차' 타시겠습니까?" 이었다.

맞지만 그럼 자돈차 안 타고 걸어다녀야 하나요? 시간은 하나님도 되돌릴 수 없는데 그건 어떡하고요.

나는 하루에 50km 내외를 운행하는 보통사람이다. 대략 5천원의 휘발유 값이 소요된다. 1km면 100원 남짓이다. 결국 자동차가 제대로 굴러가는 상황이라면 퐁퐁 배기가스가 나갈 때마다 10원 동전을 무수히 날리는 꼴이다.

그 동전을 주워담을 생각을 하는 사람이 있다면 지금 포기하는 것이 좋다. 수거비용과 운송비, 은행에서 받느니 안 받느니 하는 신경전 등을 따지면 완전히 밑지는 장사가 아닌가

기름 값이 지금의 반 정도인 7백 원대였던 수년 전이 그립다. 시간이 날 때마다 제주도 내의 길을 잘도 돌아다녔다. 막힌 길인 남의 과수원 진입로까지 모르고 들어갔다가 나오지 못해서 고생한 일까지 있으니 더 말해서 무엇하랴.

지금도 그럴 수 있는가. 당연히 없다. 생각이 바뀐 것이 아니라 사정이 바뀌었다. 지금 그렇게 시도 때도 없이 돌아다녔다가는 당장 '도라이' 라는 꼬리표가 붙는 세상이다. 그것까지 넘어설 재간이 없으니 눈치껏 행동하지만, 그 불편함을 말할 필요가 있을까.

어디까지 치솟을지 모르는 유가에 불안하기는 누구나 마찬가지다. 비싼 유가가 활개치기 전에는 신문에서 드라이브 코스 안내도 있었지만 언제부터 사라졌는지도 모른다. 도대체 신문에서 드라이브라는 말조차 본 지가 오래다.

정말이지 '자돈차' 말고 자동차를 타는 세상이 그리워진다.

182
털어버리기

털어 버리기는 우선 시원한 듯싶다. 하지만 많이 부담스럽기도 함을 이번에 알았다.

얼마 전 4년 동안 활동을 같이했던 20여 명의 회원인 글 쓰기 카페를 탈퇴했다. 여러 가지로 불편한 점을 더 이상 감내하고 싶지 않았다.

나로서는 쉽지 않은 결정이었다. 그렇지만 떠날 때를 안다는 것은 남자로서 지켜야 할 최후의 예의다.

문제는 그 카페를 떠남으로써 수년 간 동고동락했던 남자와 여자 회원을 모두 잃게 됐다는 안타까움이다. 탈퇴한 회원이 개별적으로 가까웠던 회원들과 관계를 지속함도 적절하지 않은 일이라는 걸 알았다.

이제는 모두 잊기로 했지만, 잊음이란 무엇일까. 마음 아픔을 동반하는, 그러지 않았으면 더욱 좋았을 상태인지도 모른다.

"이젠 다 털어 버렸으니 전화할 데도 없고 올 데도 없다."고 아내에게 얘기하곤 하지만 요즘 나는 많이 허전하다. 전화할 데도 없고, 전화 올 데도 없기 때문이다.

산다는 일이 어쩜 전화할 데도 찾고, 전화 올 데도 찾는 일은 아닐까.

183
십일조

남자를 거들떠보지도 대학생 딸을 걱정했었다. 그런데 언제부터인가 부지런히 남자친구를 만나 쓸데없는 부모의 걱정도 없애주니 고맙다.

이제 딸은 대학 3학년이니 은근히 취직 걱정도 하는 모양이다. 취직시험보다 잘만 되면 평생을 보장받는 시집고시에 눈을 돌렸는지도 모른다.

요즘 나는 유머생활로 편히 웃으며 살자는 주의다. 이제 50대 중반까지 왔으니 크게 바랄 것도 없고, 크게 잘될 것도 없는 처지가 아닌가.

대학 3년인 딸이 누구를 만나든, 취직걱정을 하거나 말거나 관심이 없다면 그것은 부모의 도리가 아니다. 아무튼 나는 목적하는 바가 있으니 백수는 무조건 안되고, 백수의 자질이 엿보이는 사위도 사양하겠다.

오늘 아침에도 밥상머리에서 십일조十一租 교육을 한 차례 했다.

"아빠가 사랑하는 딸아, 친구를 사귈 때는 십일조를 할 수 있는 친구인가를 잘 살펴보거라."

"하하. 예, 아빠!"

같이 있던 아내도 따라 웃었다. 덕을 볼까 해서 웃었으리라 짐작한다.

결혼만 하면 제 살기 바쁘다고 부모는 쳐다보지도 않는 세상이 아닌가. 십일조라니 어림 반푼어치도 없는 소리지만, 그냥 해본 소리다. 정말이지 자식 뒷바라지하느라고 정작 제 한 몸 챙길 생각을 할 겨를이 없는 것이 고령화 시대의 비극이 아닌가.

수입의 10%를 하나님께 바치던 고대 유태교의 관습이 8세기부터 의무화된 것이 십일조라고 한다. 십일조를 내고 회개하면 죄가 용서된다던가.

나는 이제 교회생활 15년 차의 나일론 신도여서 십일조를 해본 일도 없고 차후 생각도 없다. 모든 헌금은 감사헌금으로 통일해서 가끔씩 헌금을 한다.

그래도 마음 약하고, 고령화시대에 대비하는 대책이 별로 없으니 아들딸의 십일조에라도 기대를 걸어본다. 그런 희망으로 이 어려운 세상의 한때를 건너가야 할 것이 아닌가.

184
보름달

일상이란 늘 새로울 수도 있지만, 실상은 늘 그대로이다.

새로움을 느낄 여유도 없이, 또는 못 느끼는 것에 대한 불편함도 모른 채 흘러간다. 마치 직장인에게는 요일이 대단히 중요하지만, 농사꾼에게는 별 소용이 없는 것처럼 사는 것이 이러려니 하는 체념이 아니라 그대로 수용할 뿐이다.

중년을 넘긴 이 나이에도 가끔씩 새로운 생각이 떠오르니, 누구의 말처럼 아직은 더 살아야 할 이유가 있다.

엊그제 밤의 일이었다. 방에서 글을 쓰다가 막히기에 생각을 가다듬으려고 밖으로 나섰다. 맑은 날이 아님에도 보름달이 환하게 비추고 있었다. 확실히 음력으로 15일이 맞나 하고 방에 돌아와 달력을 봤더니 틀림이 없었다.

무지 복잡한 대도시에 사는 것도 아니면서 어느샌가 보름달을 잊고 있었다. 보름달을 생각하거나 떠올려 본 적이 언제였던가. 달빛이 무척 밝은 날도 그냥 달빛이 밝구나만 했지 정작 달은 쳐다보지도 않았다.

가로등이 없던 시절에는 보름달이 환히 비추인 동네 길에서 밤이 이슥하게 놀고 돌아다니는 것이 멋이지 않았던가. 보름달이 환하게 떠오르는 것만으로도 마음은 벌써 넉넉했었다. 어린 시절엔 그것만으로도 세상 사는 일에 아무런 어려움이 없을 듯싶었다. 하지만 살아보니 그렇던가. 설명이 필요 없지 않은가.

오랜만에 보름달을 쳐다봐서 그랬을까. 둥그런 원이 아니고 아래쪽 부분이 토마토의 꼭지처럼 약간 들어간 듯이 보임은 웬일일까.

바람 불고 비 오는 세상에 살면서 순진하게 있는 그대로를 인정하다가 손해본 일이 많았으니, 자동방어태세가 되는지도 모를 일이다. 그러지 않아도 피곤한 세상인데 별 게 다 피로를 부추기는 원인으로 작용함인가.

아, 이제 보름달을 그냥 보름달로 바라보는 연습부터 해야겠다. 바쁘다고 외우면서 더 할 일이 많아져 가는 세상에서, 욕심은 좀 비우고 때론 보름달도 쳐다볼 줄 알아야 하리.

185
저인망 데이트

늦가을이다. 할 일도 대부분 마무리짓고 수확기를 기다리는 감귤농사꾼에게 오랜만에 여유가 있는 날이었다.

미당 서정주님은 노래했었다. "눈이 부시게 푸르른 날은/ 그리운 사람을 그리워하자// 저기 저기 저, 가을 꽃 자리/ 초록이 지쳐 단풍 드는데// 눈이 내리면 어이하리야/ 봄이 또 오면 어이하리야" 라는 시의 일부가 생각났다.

"저기 저기 저 가을 꽃 자리 초록이 지쳐 단풍 드는데 뭐하세요?" 라고 몇 여류 문인과 친구에게 문자메시지를 보냈다. 일괄적으로 여섯 통을 띄웠는데, 저인망에 걸린 답신은 한 통이었다.

초등학교 여자 동창생이었다. 토요일엔 모 대학의 평생교육원에 승마교육을 받으러 다닌다고 했다. 제주도의 중산간인

송당리에 있는 승마장에서 교육이 있다고 했다. 같이 동행하자고 했더니 흔쾌히 받아들였다.

늦가을의 제주 들녘이 좀 좋은가. 억새꽃이며 단풍이 들어가는 나무들, 그리고 계절 따라 변하는 자연의 섭리. 글쟁이라고 해서 오버하는 것이 아니라 정말 좋았다.

돌아오는 길에 그녀가 칼국수와 좁쌀막걸리를 사면서 고맙다는 말도 했다. 나는 말 타는 모습이 첫눈에도 압권이었다고 칭찬했을 뿐이다. 그런데 우연하게도 수십 명의 교육생 중에 멋진 승마의 모습을 보였다고 교육관이 칭찬을 했단다. 나는 오늘 평생 처음 승마의 현장을 봤지만, '척하면 삼천 리' 라는 눈썰미가 입증된 셈이다.

그런데 눈치 없는 공치사는 때로 불필요한 오해를 불러오는 경우도 있으니 그렇다.

저인망底引網은 바다의 밑바닥으로 자루 모양의 그물을 끌고 다니면서 깊은 데 사는 물고기를 잡는 도구다. 저인망 어선이 모두 훑어가서 고기의 씨를 말린다는 기사를 종종 본다.

여자 동창은 자기에게만 달콤한 유혹이었던 줄 알았다가, 저인망작전이었다고 하자 다소 실망하는 눈치였다. 그래도 기만하는 것보다 진실을 말해줌이 낫지 않을까.

어쨌거나 나는 오늘 '저인망 데이트' 를 한 셈인데, 늦가을의 정취가 이만하면 됐다.

186
기호품

어우러질 수 있으면 좋으련만 제각각인 경우가 많다. 그 중의 제일은 기호품과 건강이 아닐까. 그 둘은 반대방향으로 가는 열차와 같아서, 양쪽을 함께하기가 불가하여 애를 태운다.

건강에 좋다는 것은 대부분 싫거나 힘들어도 극복해야 하는 것들뿐이다. 살기 위해서는 무엇이든지 먹어야 하지, 먹는 것 자체를 막을 수는 없다. 건강할 만큼만 먹는 것을 조절할 수 있다면 문제는 없다. 그러나 그것은 실현 불가능한 일이다.

비만에 가까운 사람들은 먹기는 좋아하지만, 운동은 대체로 하기 싫어한다. 건강문제가 아니라면 운동하는 사람은 직업선수들만 남을지도 모른다. 물론 즐거운 기분으로 운동할 수도 있다. 그러나 대부분은 건강을 위해서 즐거운 기분을 억지로 만들고 있지는 않을까. 이런저런 이유로 3일만 운동을 거르면 더 하기 싫어져서 그만 두는 많은 경우가 그를 증명한다.

술, 담배, 커피, 설탕, 조미료, 육식 따위는 필요하면서도 애써 멀리해야 하니 딱하다. 다른 것은 그런 대로 지나치지만 않으면 된다 하더라도 담배만은 아니다. 사색과 감정조절에 담배가 한몫한다고는 하지만 흡연자의 변명일 뿐이다.

담배를 끊은 지 한 달이 됐다. 끊었다가 다시 피우기를 되풀이했으니, 잠시 쉰다고 해야 맞을지도 모르겠다. 담배를 안 피우게 되면 유난히 입이 심심하다. 담배를 피우고 싶을 때마다 냉수를 마시라고 하지만, 물이 그렇게 당기는 기호품이 아님에랴. 아무것이나 주전부리를 하다간 비만으로 가는 급행열차가 기다리고 있다. 갈수록 건강을 지키는 일이 쉽지 않음을 안다.

금연에 은단이 좋다고 해서 사 왔다. 이제껏 은단을 금연 보조제로 써 본 일이 없다. 은단이 입맛에 맞았으면 좋았겠지만 몇 번 먹어보고선 쳐다보기도 싫어졌다.

의학계에서는 오랫동안 은단을 천연의 완벽한 항생물질로 이용해 오고 있으며, 어떤 부작용도 없다고 한다. 정작 문제는 먹기가 좋아지지 않는다는 데 있다.

금연도 걱정이고, 비만도 걱정이고, 건강과 어우러지는 기호품은 없을까.

187
염색

동창생은 만나면 늘 반갑다.

며칠 전에도 문상을 갈 일이 있어서 만났다. 그리고 서로들 알게 모르게 비교의 대상이 된다. 경제적으로야 이제 50대 중반의 되돌릴 수 없는 지경까지 왔으니 누구나 초연하다. 남이 잘된 것을 진심으로 추켜 주기도 하고, 스스로의 초라함을 안으로 새기는 친구들도 있다.

부자면 어떻고 가난하면 어떤가. 살아온 날보다 살아갈 날이 짧은데 하는 철학에 도달하면 너그러워진다.

급한 대화가 끝나고 잠시 공간이 생기면 꼭 화제에 오르게 마련인 것이 머리다. 40대 후반부터였을까, 머리털이 희끗희끗해지면서 자연스레 상대의 머리에도 눈길이 간다.

이제 새까맣게 젊어 보인다 한들 누가 모르겠는가. 염색을 했구나 하고 단번에 알아챈다. 내 머리에도 당연히 흰머리가 많다고 시비를 걸어온다. 염색을 좀 하면 어떻겠느냐고. "늙어가는 상징인데 자연스럽게 놔두지 뭐." 라고 받으면서도 속마음은 그게 아니다. 언제 여기까지 와버렸는지 섭섭해진다.

50대 중반인 이 나이에 염색을 해보지 않은 동창생이 거의 없다. 나는 해본 일도 없고 앞으로도 할 생각이 없다. 다른 손님이 이발소에서 시커먼 염색약을 바르는 것을 보고 '불필요한 짓'이라고 단정지은 이후로 염색에 대한 생각을 접었다. 실제도 그런지는 모르겠지만 머리를 감을 때마다 시커먼 염색약이 물에 풀릴 것 같은 지저분함도 싫다.

이미 염색으로 머리를 유지하고 있는 친구들에게 물어보면 염색을 중단하게 되면 그 이전보다 더 볼품이 없어진다고 한다. 화장을 안한 맨 얼굴이 보기에 좋다고 하면 어느 여자가 화장을 할 것인가. 얼굴이든 머리든 신경 쓴 만큼 결과도 좋게 보이겠지만, 머리 색깔은 세월을 말함이니 웬만하면 그대로 둘 만도 하지 않은가.

이제 저무는 나이에 무엇 하나 제대로 이루지도, 고령화에 대비할 경제력도 갖추지 못했다. 그래도 이제 서릿발 같은 머리칼이 아니라 희망의 끈 하나 붙잡는 심정으로, 마음만은 젊게 염색이 되었으면 한다.

188
연습

연습의 종착역은 완성이다.

연습의 속성은 무엇일까. 되풀이다.

되풀이는 좋은 결과를 원함이지, 그 반대를 원하는 것은 아니다. 그런데 의지와는 상관없이 되풀이되는 그 반대가 문제다.

나는 근래에 그 반대가 수없이 반복돼서 속상하다. 농장에 가면 창고 문을 열고 안의 열쇠걸이에 자동차 키를 걸어둔다. 작업복 바지에 뭐가 들어 있는 느낌은 일하는 데 불편해서다.

그런데 일을 마치고 집에 올 때는 창고 문은 잘 닫으면서 자동차 키를 꺼내는 것을 99% 잊어버린다. 희한한 일이다. 닫았던 창고 문을 다시 열고 자동차 키를 꺼내기만 하면 그만일 테지만, 그래도 그렇지, 꼭 치매를 연습하는 기분이다.

어느 날은 자동차 키를 제대로 꺼낸 것까지는 좋았지만, 그 다음이 문제였다. 창고용 열쇠는 대부분 주인만 아는 곳에 숨겨둔다.

농장에 주차해 둔 승용차 가까이 갔을 때야 아차, 했다. 손에 들고 있는 것은 자동차 키가 아니라 창고열쇠였다. 자동차 키는 얌전하게 농장의 열쇠를 두는 곳에 숨겨 놓았다.

스프링클러를 이용한 물 주기 작업 때도 비슷한 착각을 할 때가 많다. 비교적 덜렁대지 않는 세심한 성격상 실수할 확률은 제로에 가깝다. 그럼에도 집으로 오다 보면 전원을 끄고 왔는지가 의심스럽다. 괜히 의심에 시달리기보다 농장이 가까우니까 차를 돌려 다시 확인했던 적도 종종 있다.

잊어버리지 않는 연습을 수없이 반복하지만 되풀이될 때가 많아서 낙심된다. 치매 연습하는 것만 아니라면 우선은 됐다.

189 음주운전

어제는 일요일이었다.

차를 운행하다가 혹 음주측정을 당할지도 모른다는 생각으로, 저녁 식사 때 음주를 적당히 했다. 몇 잔을 마셨는지는 정확하지 않지만 네댓 잔을 마셨다.

2홉들이 소주 한 병은 일곱 잔이다.

술꾼은 척 보면 몇 잔을 마셨는지를 안다. 4홉들이 페트 병일 경우는 그런 짐작에 오차가 많다.

사람마다 술을 분해하는 효소의 양은 천차만별이다. 그래서 꼭 같이 마셨을 때도 취하고 깨는 정도가 제각각이다. 4시간 후에 아내의 퇴근 시 운전을 해야 하므로, 평소 내 기준에 따라 넉 잔을 마시노라고 했다. 안전을 위해서 네 시간이지, 세 시간만 지나도 운전은 물론 음주측정도 겁날 것이 없다.

그런데 어제는 아내가 손님이 없으니 30분 일찍 퇴근하겠다고 했다. 술 마신 지 세 시간이 지났을 때다. 통상 일주도로를 이용해서 집에 오는데, 어제는 우회했다. 선반내를 좀 지났을 때 경찰이 도로를 차단하고 음주단속을 하고 있었다.

전조등을 끄고 천천히 접근하여 운전석의 문을 내리자 경찰이 척하니 음주측정기를 갖다 댔다. 어디서든 무지한 사람은 용감하다고 했다. 혹시나 술기운이 남아 있을지도 모른다는 생각은 하지도 않고 훅 세게 불었다.

그런데 정말로 가슴이 철렁하면서 자포자기할 뻔했다. "삐이익!" 하고 측정기가 분명한 경고음을 내는 것이 아닌가. 꼼짝없이 걸렸구나, 하고 처분만을 기다리는데, 경찰이 "네, 안녕히 가십시오" 했다. 다행이었다.

도대체 그 유명한 혈중 알코올 농도가 얼마나 나왔기에 그냥 가랄까. 그렇다고 한번 더 측정기를 불어 보겠다는 바보는 없을 터였다. 측정기의 경보가 울리긴 했으니, 0.04이하였을 것이다.

아내도 그 '삐익' 소리에 확실히 걸린 줄 알고 가슴을 쓸어내렸다고 했다. 지금까지 과속이나 중앙선 침범 등으로 범칙금을 낸 일은 두어 번 있었다. 그러나 32년 무사고로 벌금은 1원도 내 본 일이 없다.

어쨌든 음주운전으로 공든 탑을 무너뜨리지 말라는 보수교육 한번 제대로 받은 셈이었다.

190
어떤 완주

세상에서 가장 약한 것은 사람이다. 또한 가장 강한 것도 사람이다.

며칠 전, 모 신문에서 많은 지면을 차지한 기사는 "뉴욕은 꼴찌에 환호했다."이었다.

'뉴욕 마라톤 꼴찌' 인 미국의 조이 코플로위츠(57)가 양팔에 지팡이를 짚고 결승선을 통과한 순간 미 국민은 아낌없는 갈채를 보냈다. 인간의 위대함, 인간의 무한한 가능성에 갈채를 보내지 않을 사람이 어디 있으랴.

코플로위츠는 57세의 여자로 마비된 몸을 지팡이에 의지한 채 무려 27시간 40분을 달리고 걷고 했다. 달리는 내내 '누군가 불 붙은 칼로 팔다리를 푹푹 쑤시는 듯한' 열과 통증에 시달렸다고 했다. 25세 때부터 다발성 경화증으로 고생했으면서도 병에 질 수 없다는 결심으로 오늘까지 살아왔다는 것이다. 제대로 된 군은 결심이 얼마만 한 난관들을 이겨내고, 사람을 위대한 존재로 만드는가를 보여줬다.

"마라톤은 내게 두 가지를 가르쳤어요. 첫째, 인생에서 가장 중요한 문제는 이기고 지는 게 아니라는 것. 둘째, 코스가 아무리 길고 험하다 해도 그걸 완주할 힘은 다른 곳이 아니라 바로 내 안에 있다."라고 하는 그녀는 이번 마라톤이 20번째 완주였다. 그리고 단 한번도 '꼴찌'를 놓친 적이 없다는 것이 위대함을 증명한다. 꼴찌로 그 힘든 과정을 완주하기는 정상인보다 수백 배나 어려울 터였다.

코플로위츠는 인생을 TV에 빗댔다. "누구나 인생에 한 가지 괴로움은 있잖아요. 거기 사로잡히는 건 평생 한 가지 TV 채널만 보는 것과 똑같아요. 세상에 얼마나 재미있는 채널이 많은 줄 아세요? 나는 마라톤으로 내 인생의 채널을 돌렸어요. 또 누군가가 나를 보고 '나도 한번 채널을 돌려보자.'고 결심한다면 그걸로 내 인생은 가치 있다고 생각해요."

맞다. 마라톤 완주에서 삶의 철학이 그대로 나오는 것을 아니라고 할 수 있으랴. 정상인도 마라톤 완주는 힘든 고통 속에서 일부만 성공한다. 더욱이 꼴찌의 고통은 몇 배다. 꼴찌에 환호하는 경우도 감동적일 때다.

코플로위츠의 완주에 보내는 뉴욕의 갈채에 이해가 간다.

191
삐치기

살아가는 일이 바둑의 정석처럼만 된다면 좀 쉬울까. 나도 그렇지만 제 자신의 잘못은 생각을 않고, 상대방이 삐친다고 흉보기에 바쁜 사람이 많다.

상대방이 삐치지 않게 자신의 행동을 바로 하면 더 좋다는 것은 왜 모를까.

껄끄러움을 바꿔보려고 별 변명을 다해도, 쓸데없는 경우가 대부분이다. 변명은 너나 나나 다 아는 소리일 수밖에 없어서 상황을 호전시킬 여지가 없어진다. 답답한 노릇이다.

역설적으로 얘기하면 삐칠 때 삐치는 사람이 그래도 솔직한 사람이다. 불편한 마음을 아닌 것처럼 위장해 봐야 거짓말일 뿐이다. 정상관계로의 회복을 더 어렵고 힘들게 한다.

온통 거짓말투성이인 세상에 살면서 그 거짓말조차도 '융통성' 이라고 합리화하는 것을 보면 역겹다.

저무는 나이에도 어쩌다 한번씩 기분 상한 일이 있을 수 있음은 지극히 당연한데, 그걸 삐친다고 둘러대는 사람들이 정말 싫다.

어느 영화의 대사처럼, '너나 잘하세요.'

192
진짜

"거짓이 아닌 참된 것"이라고 사전에서는 '진짜'를 풀이하고 있다. 아마 가장 쉽고도 가장 어려운 것이라는 데 모두 동감할 터이다.

세밀히 뭘 밝히는 것이 반드시 좋은 것이거나 필요한 일이 아님을 때로는 느낀다.

오전에 둘째 처남의 100일 탈상제에 다녀왔다. 처남이 낚시 중 불의의 안전사고로 영원히 지상을 떠난 지 벌써 100일째가 된 것이다. 한편으로는 무지 오랜 날들이 흐른 것 같은데, 100일밖에 안 됐을까 하는 생각도 들었다.

처남은 갔어도 낚시동호회를 비롯한 친구들이 섭섭하지 않을 만큼은 모였다. 늘 만나는 동료들끼리라도 웃으면서 얘기하는 것은 좋은 일이다. 그래도 어떤 계기에는 아픔이 되살아나서 숙연해지는 사람이 친구가 아닐까. 개인적으로 별반 친구를 많이 갖지 못한 내가 생각해 본다. 저 많은 사람 중에 진짜 아쉬운 작별을 슬퍼했을 친구는 몇인가.

아내의 사정이 있어서 부득불 낮 12시 무렵에야 출근을 시키고, 집에 와서 혼자 밥을 먹었다. 처음엔 엄청 난감했던 혼자 밥 먹기가 12년 차가 되면서 별 불만이 없어졌다. 사는 게 다 이런 것 아니냐는 명제 앞에 달리 무슨 조건이 있겠는가.

식사를 끝내고 냉장고에서 '바이오거트' 란 농후발효유를 꺼냈다. 우연히 원재료와 함량표시를 봤다. 원유 64.5%(국산), 딸기시럽 20%(딸기 40% : 국산 50%, 중국산 50%)라고 표시돼 있다. 그럼 나머지 15.5%는 물이라는 소릴까. 그나마 그 표시 자체가 진짜일까.

내 마음은 몇 프로가 진짜이고, 몇 프로는 가짜로 비쳐지고 있을까. 이 늦가을이 가면 겨울 오듯이 그렇게 투명한 진짜가 그립다.

193
착오와 순리

착오, 또는 순리로도 입장이 난처할 경우가 종종 생긴다.

오늘 둘째 처남의 탈상제에 갔을 때다. 막내처남을 만나자 한 달 반이나 끊어온 담배를 한 대 피우고 싶은 생각이 간절했다. 밖에서 담배 한 개비를 얻어서 피웠다. 늘 그렇듯이 담배 맛은 좋은데 머리가 뱅뱅 돌았다.

그 때였다. 누가 옆으로 지나가면서 알은체를 했다. 눈이 마주쳐도 나는 소 닭 보듯이 쳐다본 꼴이었다. '저 아무개 부인입니다.' 하고 인사를 해도 알은체를 않더라고 막내처남이 전했다.

순간 몸은 멀쩡하면서도 담배에 취해 술 취한 사람처럼 휘청휘청했다. 상대방의 인사에 대답은커녕 내 몸을 바로잡기도 힘들었다. 막내처남의 조정으로 상대를 건성으로 알은체했을 뿐이었다. 얼굴은 익숙한데 도대체 누구인지 생각이 나지 않는 것을 어찌하랴.

나중에야 생각이 났는데 상대는 가까운 친구의 부인이었다. 대화를 해본 일은 없지만 네댓 번을 조우했고 눈인사는 하는 처지였다. 담배에 취한 상태가 아니었으면 당연히 인사를 했을 것이다. 우연은 늘 공교롭기 쉽다. 작고한 처남의 처남댁과 가까운 사이였던 모양이다. 그런 관계를 알고 있었으면 눈치로 알아챘을 테지만, 때는 이미 늦었다.

친구의 부인은 많이 무안했겠는데, 끊었던 담배를 다시 피웠다가 잠시 휘청해 버렸던 사정을 알 리가 없다.

오해가 있을 수 있으니, 친구에게 미안함을 대신 전해주도록 전화를 했다.

그렇지만 착오에 대한 죗값은 오해를 피할 수 없음이 순리인 것을 어쩔 것인가. 결국 비싼 담배 한 대를 피운 셈이 됐다.

194 통계

언젠가 글 친구가 통계 내기를 좋아하는 나를 무서운 사람이라고 했다.

실상 나는 통계를 별로 좋아하지 않지만 우연한 기회에 통계를 내보면 그래도 재미가 있다.

어제까지 쓴 수필이 540편, 내가 생각해도 등단 6년 차임을 생각하면 좀 다작인 편이다. 구태여 세어볼 필요는 없다. 컴퓨터에 저장할 때 제목 앞에 번호를 붙여 뒀으니 그렇다.

올해는 많이 쓰고 싶었다. 한 달에 열 편, 일 년이면 120편을 쓰고자 했다. 아직 한 달 남짓 남았는데, 어제까지 조기 달성됐을 뿐이다.

꼭 원고지에 정서하면서 최종 퇴고 작업을 하고, 워드 작업

시에 또 마무리 퇴고를 하는 것이 내 글 쓰기 방식이다.

지금까지 쓴 원고가 200자 원고지 5,023장이다.

등단하기 전까지 쓴 수필이 70편이다. 등단 후 5년, 일 년에 대충 100편씩, 원고지로 1천 장을 썼다는 계산이다. 초기에는 15매 수필, 근래에는 5매 수필을 주로 썼으니 원고매수는 통계상 그럴 뿐이지 일정한 의미는 없다.

원고지 한 장의 길이는 가로 25cm다. 가로로 이어붙이면 125,000cm, 곧 1km하고도 250m나 된다. 쌓아놓은 원고 높이가 50cm, 글자 수로 대충 일백만 자.

일부러 중복한 얘기는 없으니 컴퓨터로나 계산해야 할 만큼 무슨 할 말이 그렇게 많았을까. 아직 종착점도 아니고, 앞으로 남은 수십 년 동안 또 무슨 말을 하게 될까.

잘난 것이 아무것도 없는 내 삶조차 이러니, 한 인간의 삶을 어찌 장엄하다 아니할 수 있으랴.

195
서귀포항을 바라보며

늦가을의 따뜻한 일요일 오후였다.

아내가 쉬는 날은 가까운 친정엘 가끔 들른다. 나도 동행하는 경우가 많지만, 처음부터 끝까지 시간을 공유하는 일은 드물다. 한 시간쯤은 산책 겸 운동을 하는 것이 일상적인 일이 됐다. 실은 내가 있으면 아내와 장모의 대화에 짐이 될 수도 있으니 눈치 있게 행동하려던 것에서 시작된 일이었다.

처가에서 10여 분만 걸어 내려가면 넉넉하게 바다가 보인다. 남태평양의 바다는 언제 보아도 가슴 설레게 그 자리에 있다. 황룡사란 조그만 절간으로 통하는 길을 거쳐 새섬 방파제를 왕복하고 처가로 돌아오면 대략 40분이 소요된다. 서두를 필요가 없다. 나머지 시간은 사색도 하고 바다와 서귀포 항구를 바라보는 일이 싫지가 않다.

파도가 없는 날에 바라보는 서귀포 항구는 그렇게 평화로울 수가 없다. 굳이 시나 수필을 쓰는 사람이 아니더라도 그 상황이 되면 모두 시인이 된다. 서정에 메마른 누가 와도 마음이 조금은 너그러워진다. 모두들 바쁘다는 말을 입에 담고 살지만, 살기 위해서 바쁜 것이지 바쁘기 위해서 사는 것은 아니지 않는가. 기계가 아닌 사람이기에 우선은 숨부터 쉬고, 돈이 안 되는 일이지만 바다를 바라볼 일이다.

바다 쪽에서 남성동 마을로 돌아가는 길은 상당히 가파른 오르막이다. 심한 경사와 커브로 소형차만 통행이 가능하다.

운동을 한답시고 쉬지 않고 걷기만 하는 일도 잘하는 일은 아니다. 서귀포 항을 내려다보기에 딱 알맞은 위치에서 잠시 멈췄다. 수백 척의 어선이 항구에 질서정연하게 정박해 있다. 네 바퀴 달린 차량의 주차도 경우에 따라선 쉽지 않은데, 예술처럼 수백 척의 배가 제자리에 있다.

이중 삼중으로 정박해 있는 배들도 때가 되면 부드럽게 빠질 수 있게 정박해 있을 것이다. 배는 항구에 정박해 있을 때가 가장 안전하다고 했다. 만선의 꿈을 안고 바다로 향하는 배에는 안전보다는 삶이 걸려 있다. 일기예보가 있어도 바다는 예기치 못한 풍랑과 돌발상황도 불러온다.

바다로 나간 배가 다시 돌아와 항구에 정박하듯이 그렇게 살 일이 아닌가.

196
허리띠 조정

요즘 귤 수확 철이라 며칠을 연거푸 일을 했다. 일이 힘들어지기 시작했다. 마음은 아직도 40대인 것처럼 여전한데, 몸이 말을 듣지 않는다. 이제 50대 중반이니 앞으로도 호전될 수는 없다.

여러 여건상 수확한 귤은 일단 창고에 두었다가 팔고 있다. 작년에는 아들이 군 제대 후의 공백기여서 귤을 나르는 힘든 일을 며칠간 했었다. 올해는 내가 다시 그 작업을 할 수밖에 없다. 귤 상자를 창고에 쌓는 일이 몇 년 전만 해도 장난감 다루듯이 수월했는데 지금은 마음뿐이다. 여기저기 파스를 붙이는 건 기본이고, 그래도 결리거나 쑤시는 데도 많다. 하룻밤을 자고 나면 피로가 확 풀리던 건강도 옛날얘기가 됐다. 피로는 그냥 누적될 뿐이다.

더욱이 날씬하지 못한 비만한 몸이 일하는 데 많이 불편하다. 복부비만은 허리띠가 제 위치에 있는 것을 힘들게 한다. 어떤 사람처럼 허리띠가 밑으로 내려가도 거시기의 둔덕에 척 걸쳐질 터이니, 별 신경을 쓴다고 하면 할 말은 없다.

바지가 자꾸 내려가서 추스르는 것이 불편해도, 일을 하다 말고 허리띠를 조정하기에는 마땅찮았다. 허리둘레가 92cm인데, 허리띠 구멍 하나 사이의 불편 정도는 크게 달랐다.

허리띠의 구멍 하나를 당겨서 매면 너무 답답하고, 하나를 늦추면 바지가 쉽게 흘러내리는 게 많이 불편했다. 허리띠를 제조할 때 비만용은 별도로, 구멍 사이를 조금만 좁게 했어도 괜찮았을 것이다.

작업복 허리띠 구멍의 간격은 2.5cm이다. 부득불 중간에 구멍 하나를 뚫으면 되겠다는 생각을 했다. 가스레인지에 못을 달구어서 뚫어야 차후 사용에 불편이 없을 것이니, 그렇게 했다. 그 1cm 조정의 위력이 얼마나 대단한지 바지가 흘러내리지도 않았고, 옷을 입은 느낌이 아주 그만이었다. 조그만 여유가 피로를 많이 덜어주는 듯싶었다.

살아가는 일에도 허리띠를 조정하듯이 쉽게 풀리는 묘책을 발견할 수 있으면 좀 좋을까.

197
비야, 난 어쩌란 말이냐

며칠 전부터 줄기차게 비 날씨가 예보됐다.

지금 제주는 귤 수확으로 온통 난리법석이니, 날씨의 변화에도 애가 탄다. 11월에 들어서 귤 수확이 대목인 요즘까지 비 날씨로 괴롭히지 않아서 안도하고 있었다. 평균 이상의 대농이 아니면 대충 상품 귤의 수확을 마무리해 갈 때다.

그런데 오후가 되면서 심상치 않은 날씨가 되더니 비가 올 듯 온통 먹구름으로 짙어졌다. 워낙 잘 안 맞던 일기예보도 이럴 때는 기차게 맞아들어 힘도 없는 농사꾼을 다운시켜 버리는 일이 종종 있다. 그래도 나는 괜찮다. 여럿의 일꾼을 얻어 일하던 농장주에게는 이러한 갑작스런 비 날씨는 정말 죽을 맛이다. 일꾼들의 품삯 계산도 머리를 아프게 한다. 오늘도 '비야,

난 어쩌란 말이냐' 고 한탄했을 농사꾼이 꽤 있을 터이다.

오후 세 시, 드디어 올 것이 왔다. 웬일인지 오늘따라 여름날 이어야 걸맞을 소나기 같은 굵은 빗줄기가 내렸다. 하던 일을 바로 끝내고 수확해 둔 귤을 비닐로 덮기에 바빴다. 나무에 달려 있는 귤은 비가 내려도 상하지 않지만, 일단 수확을 끝낸 귤은 비를 맞으면 상하는 원인이 된다.

비 날씨는 당일 작업을 중단하게 하는 것이 아니라 그 다음 날까지도 일을 못하게 하기가 쉽다. 싸늘한 날씨가 되기 전에 일을 끝낼 수 있길 바라지만, 세상 사는 일이 언제는 뜻대로 수월했으랴.

옛말에 '커야 할 것은 작고, 좁아야 할 것은 넓다' 고 했던가. 세상만사가 조화롭기는 무척 어려운 일이다. 세상 사는 일이 수월하기만 하다면 재미없어서 평생을 살기가 더 힘들다는 궤변을 이제 더 이상 믿지 않는다. 웬만하면 일이 순조로웠으면 싶다.

여름철에는 일기예보의 '한두 차례 소나기' 라는 믿거나 말거나 예보가 얼마나 애를 태웠던가. 수확철인 요즘에는 좀 맞지 않아서, 비 온다는 날씨에도 맑아야 일을 해나갈 것이 아닌가.

때아닌 비가 내리면 비야, 난 어쩌란 말이냐. 피로가 천근의 무게로 밀려오는 오후였다.

198
엎친 데 덮치기

간밤에 싸늘한 겨울바람이 집 주변의 삼나무 마른 가지를 마구 떨어뜨렸다. 아직 귤 수확도 마무리하지 못했는데 추워지려는 징조다.

사람 사는 일이란 같은 일이 되풀이되는 듯싶지만, 매일이 새로울 수밖에 없고 아무도 그것을 예측하지 못한다.

텃밭에서 수확한 얼마 안된 귤을 작목반을 통해서 출하하려고 선과장에 갔다. 오라는 시간에 맞춰 갔지만 한 시간 정도 기다리고 나니 벌써 점심시간이 되었다. 모든 일이 약속대로 지켜지지 않는 것에 이골이 나서 웬만하면 불편한 마음조차 없어진 지 오래다.

농장에선 어머니 혼자 아침부터 일을 하고 있었다. 바로 점심을 먹고 일을 시작할 생각이었다. 비좁은 농장의 주차장에 두 대의 차량은 들고나기가 복잡하다. 수확해 둔 가공용 귤을 가지러 트럭이 와도 지장이 없게 주차를 해둬야 한다.

차를 움직이다가 시동이 꺼져 다시 시도했으나, 아주 잠잠이었다. 일은 바쁘고 시간은 없고 점심도 굶은 채로 허우적대는데, 예고 없이 차량수리가 급하니 난감했다. 단골 카센터의 전화번호를 휴대폰에 입력해 둔 것이 다행이었다.

승용차의 배터리가 두 번이나 방전된 일이 있었고 성능도 좋지 않았다. 농사일만 끝나면 추워지기 전에 교체하리라고 생각 중이었다. 농장의 주차장이 아니었으면 밀어서 시동 걸기로 일단 움직일 수는 있었다.

그렇지만 불안한 상태로 운행하다가 언젠가는 정말 난처한 일을 당할 수도 있다. 부득불 강제적인 기회에 난처함의 소지를 없앴으니 오히려 잘된 것인지도 모르겠다.

사람 사는 일이 늘 바람 부는 일임을 모르는 사람이 있을까. 하지만 알면서도 모두 대처할 수 없는 것이 사람의 일이다. 건강관리의 중요성을 몰라서 병에 걸리는 사람은 없다.

그래도 엎친 데 덮치는 일이나 없이 잘 해결해 나갈 만큼의 여유는 언제나 그립다.

올 들어 처음으로 싸늘한 날이었다. 일꾼이 없이 작업한 날이어서 한 시간 일찍 일을 끝냈다. 내일은 내일이고, 우선 숨도 돌리는 여유를 위해서다.

199
의외

어제는 농장에서 귤 따는 작업에만 집중했다. 파치 귤을 수확하는 마무리 작업이라 어머니와 둘이서 했다. 귤을 따는 가위 소리만 가끔씩 들릴 뿐 사위가 조용했다.

오전 시간인데도 열흘 넘게 계속된 작업이라 많이 피곤했다.

막말로 귤 수확 철에는 아플 시간도 없다.

모두들 일시에 일을 하게 되니, 도대체 일꾼을 구하기가 쉽지 않다. 진눈깨비가 흩날리기 전에 일을 마무리하고, 장기 농사 방학에 들어가는 것이 꿈이다.

귤을 따다가 잠시 눈을 돌리는 순간, '이크' 소리를 저절로 내면서 놀랐다. 1미터도 떨어지지 않은 곳에 갑자기 사람이 나타났다. 기척도 없었으니 깜짝 놀랄 수밖에 있겠는가.

뜻밖이었다. 학교에 간 줄 알았던 아들이 오전 늦게 수강이 있다면서 잠시 들른 것이었다.

"왜, 아빠? 아들인데…." 라며 장난스럽게 웃었다. 장난을 무지 좋아하는 나를 꼭 닮아 가는 모양이다.

컨테이너로 쌓아둔 파치 귤을 비 맞지 않게 처리해야 하는 것을 아침에 걱정했더니, 아내가 아들을 보냈던 것이다. 별일이 아니면서도 혼자 하기엔 힘든 일이 가끔씩 있다.

뜻밖의 놀람이 하루 일을 즐겁게 하는 데 활력소가 되어 주었음은 물론이다.

200
눈과 바람

12월의 초입, 일요일인 오늘 눈이 내리고 바람이 분다. 3일 후가 절기상 대설이지만, 눈 내리는 날이 많지 않은 서귀포에선 예외다. 올해 들어서 어제까진 진눈깨비가 흩날리는 날도 없었는데, 중산간엔 대설주의보가 내리고 별일이다. 겨울엔 눈이 와야 제맛이라곤 하지만, 아직 귤 수확을 마무리하지 못한 농가가 많다.

오늘은 장모님 생신이다. 일일이 기억하진 못하지만, 연초에 달력에 표시해 두는 습관으로 잊는 일이 없다. 어제 아내에게 얘기했더니 까마득히 잊고 있었다. 선물은 어제 미리 보내도록 했다.

아내가 쉬는 일요일이라 저녁 때 찾아뵈었다. 통닭을 사고 가서 백숙으로 먹었는데, 오랜만의 별미였다. 장인어른과 장모님이 고맙게 잡수셨다. 3남4녀의 자녀를 두었지만, 우리만 생신을 챙겨드린 셈이 됐다. 다들 사정이 있거나 바빠서 잊었겠지만, 우리마저 잊었더라면 많이 섭섭하실 뻔했다.

오늘 눈 오고 바람 불듯이 어려움 속에서 키운 자녀들이 부모를 외면하는 세태를 당연시하기에는 아직은 아니다.

저녁 무렵부터 눈발이 심상치 않았다. 그래도 큰 눈이 오는 일이 거의 없는 서귀포에 살면서 설마 했는데 차를 운행할 수 없었다.

처가에서 우리 집까지는 4km 남짓이다. 눈이 내리지 않는 날은 속보로 40분이면 충분한 거리다. 마침 운동복과 운동화, 아내도 마찬가지 차림이었으니 걷기로 했다.

장인이 사용하는 귀와 턱이 가려지는 모자를 빌려 썼더니 눈보라도 견딜 만했다. 혼자서는 그 거리를 걸어와야 할 이유도 없겠지만, 아내와 서로 부추기며 집까지 뛰고 걸으면서 왔다. 50분만에 어렵게 걸어 왔지만 기억의 창고에 오래 저장될 추억거리가 됐다.

날리는 눈보라를 안고 걸어서 집에 왔을 때 운동복에 더께더께 묻은 흰눈을 털어 내지 못했다.

눈 내리고 바람 부는 세상일도 이겨내면 보람이고, 지면 한숨일 뿐이지 않는가. 이겨낼 일이다.

지금도 창밖엔 눈 내리고 바람이 분다.

| 작가의 말 |

세 번째 작품집을 내면서

"암이 사람을 죽이는 게 아닙니다. 자신이 갖는 절망 때문에 죽는 거죠." 암을 고치는 '말기암의사' 인 이희대 강남세브란스 암센터 소장의 말이다.

며칠 전 읽은 모 신문의 기사가 강하게 머리를 스치는 것은 웬일일까. 그래, 문학 또는 글쓰기의 현실이 너무 어렵더라도 절망하지 말 일이다.

"삶이 그대를 속일지라도 나는 안 속을 뿐이고…." 라고, 개그를 했던 모 카페의 '님'에게도 고마운 마음이다.

여기에 실린 짧은 수필들은 2004년부터 2005년에 걸쳐서 쓴 작품들이다. 길이가 짧다고 해서 쉽게 쓴 작품들은 아니다. 때로는 제목 하나를 정하기 위해서 또는 단어 하나의 정확한 쓰임새를 알기 위해서 '국립국어원' 에 전화를 한 적도 여러 번이다.

2000년에 등단하면서 자신과 약속한 일이 있다. 어렵더라도 최소 3년에 한 번은 책을 내자고 말이다. 없는 형편에 겁없는 약속이었다. 벌써 천만 원이 넘는 거금이 들어갔는데 계속할 수 있을는지. 지방의 문예진흥기금지원신청에서는 아리송하게 무려 네 번이나 탈락했다. 지금도 그 이유를 모른다. 써놓은 작품이 1,000편에 육박해 스무 권쯤 책을 내야겠지만, 어림반푼어치도 없는 생각이다.

앞으로는 모르지만, 2003년, 2006년, 2009년에 책을 냈으니 초반 출발은 양호하다. 아직도 10여 년은 글을 쓰게 될 터이니 서두르지 않아도 된다. 생애에 열 권의 수필집만 상재할 수 있었으면 하는, 조그만 희망 하나를 가꾸며 산다.

첫 번째 짧은 수필집인 《착각 한 사발》은 의외의 호평에 만족했다. 기껏 두 번째 책인데도 '또 책 냈느냐?'며 안타까운 눈으로 쳐다보던 친구에게는 속으로만 답해 줬다. '니가 문학을 아느냐?' 고.

지역의 문인들에게는 《착각 한 사발》 저자로 회자되는 것도 싫지 않았다. 진심으로 격려해 준 몇 분에게는 오래 고마움을 간직하겠다.

세 번째 책을 내는 데 결정적으로 마음을 굳히게 한 중학교 동창인 양태민님에게도 고마움을 전한다.

《착각 한 사발》을 우편으로 받아보고 그가 전화를 걸어왔다.

"학교 졸업하고 이제껏 처음부터 끝까지 읽어본 책은 니 책뿐이여. 재미있어서 두 번이나 읽고. 이젠 각시 읽으라고 넘겼다."

끝으로 글을 좋아하는 여러분들의 질정을 바랍니다.

고맙습니다.